[美] 肯尼斯·杰弗里·马歇尔
(Kenneth Jeffrey Marshall) 著
王正林 译

买到便宜好股票

Good Stocks Cheap
Value Investing with Confidence for a
Lifetime of Stock Market Outperformance

中信出版集团 | 北京

图书在版编目（CIP）数据

买到便宜好股票 /（美）肯尼斯·杰弗里·马歇尔著；王正林译. -- 北京：中信出版社，2022.4
书名原文：Good Stocks Cheap: Value Investing with Confidence for a Lifetime of Stock Market Outperformance
ISBN 978-7-5217-3375-4

Ⅰ.①买… Ⅱ.①肯… ②王… Ⅲ.①股票投资－基本知识 Ⅳ.① F830.91

中国版本图书馆 CIP 数据核字（2021）第 188376 号

Kenneth Jeffrey Marshall
Good Stocks Cheap: Value Investing with Confidence for a Lifetime of Stock Market Outperformance
ISBN 9781259836077
Copyright © 2017 by Kenneth Jeffrey Marshall.
All Rights reserved. No part of this publication may be reproduced or transmitted in any form or by any means, electronic or mechanical, including without limitation photocopying, recording, taping, or any database, information or retrieval system, without the prior written permission of the publisher.
This authorized Chinese translation edition is jointly published by McGraw-Hill Education (Asia) and CITIC Press Corporation.
This edition is authorized for sale in the People's Republic of China only, excluding Hong Kong, Macao SAR and Taiwan. Translation Copyright © 2022 by McGraw-Hill Education and CITIC Press Corporation.

版权所有。未经出版人事先书面许可，对本出版物的任何部分不得以任何形式或途径复制传播，包括但不限于复印、录制、录音，或通过任何数据库、信息或可检索的系统。
本授权中文简体字翻译版由麦格劳-希尔教育出版公司和中信出版社合作出版。
此版本经授权仅限在中华人民共和国境内（不包括香港特别行政区、澳门特别行政区和台湾）销售。
翻译版权 © 2022 由麦格劳-希尔教育出版公司与中信出版社所有。
本书封面贴有 McGraw-Hill Education 公司防伪标签，无标签者不得销售。

买到便宜好股票
著者：　　［美］肯尼斯·杰弗里·马歇尔
译者：　　王正林
出版发行：中信出版集团股份有限公司
　　　　　（北京市朝阳区惠新东街甲 4 号富盛大厦 2 座　邮编　100029）
承印者：　北京诚信伟业印刷有限公司

开本：787mm×1092mm　1/16　　印张：18.75　　字数：200 千字
版次：2022 年 4 月第 1 版　　　　印次：2022 年 4 月第 1 次印刷
京权图字：01-2019-3788　　　　　书号：ISBN 978-7-5217-3375-4
　　　　　　　　　　　　　　　　定价：65.00 元

版权所有·侵权必究
如有印刷、装订问题，本公司负责调换。
服务热线：400-600-8099
投稿邮箱：author@citicpub.com

推荐序

价值投资自本杰明·格雷厄姆（Benjamin Graham）创立以来，受众多投资者认可，不断发展壮大。尤其在沃伦·巴菲特（Warren Buffett）的传播下达到顶峰，并还在续写神话。虽然价值投资不时会被质疑，被认为过气、不中用，但支持者无比坚定地表示：价值投资永不过时。这些支持者的底气源于，巴菲特经历的一系列不平凡的事件——1973年第一次石油危机、1979年第二次石油危机、1982年拉美经济危机、1997年亚洲金融危机、2002年互联网泡沫破裂、2008年次贷危机。这么多事先难以预料的经济危机和股市暴跌，导致许多名噪一时的投资者倒下，而伯克希尔的旗帜依然在价值投资的城堡上高高飘扬，每年前往奥马哈"朝拜"的投资者依然络绎不绝。

践行价值投资最困难的地方在于，如何动态判断一家企业的价值，或者说，如何正确判断一家企业全生命周期的自由现金流。众所周知，一家企业的价值取决于企业全生命周期的自由现金流的贴现值。如果每个人都可以正确地处理价格与价值的关系，选股这项貌似高深莫测的工作，就会变得十分简单。但是，投资者也千万不要小看选股这项工作。因为价值投资主张集中投资、长期投资。如果我们选股错误，还坚持长期投资的话，后果非常严重。

《买到便宜好股票》的作者具有熟练运用价值投资理念进行选股的深厚功力，特别是当我读到，什么样的回购才是价值投资的时候，不禁拍案叫绝。这时，我已经十分肯定，作者是一位坚定并且资深的价值投资者。在细细品读这本书时，我惊喜地发现了巴菲特、查理·芒格（Charlie Thomas Munger）、罗伯特·西奥迪尼（Robert Cialdini）、迈克尔·波特（Michael Porter）等价值投资者十分熟悉的大师的身影。

不同于一些经典的价值投资书，这本书在以下几个方面独树一帜：

首先，作者建立了一个很实用的价值投资模型，并在自己的投资生涯中一直践行该模型。他长期持股，不使用杠杆，不卖空股票，投资组合中从没超过12家公司的股票。知行合一，令人敬佩。

其次，作者具有深厚的会计学知识，熟练运用资本回报率（ROIC）、自由现金流这些具有明显价值投资者特征的会计工具。这本书运用上述工具对于真实的上市公司进行了深度分析，对于投资者理解价值投资估值的精髓具有很强的现实启发性。

再次，作者提出6个参数来对企业进行分析，不失为一种很不错的分析框架，可以让投资者迅速抓住被分析企业的主要特征。

最后但同样重要的是，作者提出，企业家是企业这艘大船的掌舵人，投资者需要充分考察其道德水准，判断其会把企业这艘大船带向何处。这与ESG（环境、社会和公司治理）所关注的社会责任、公司治理方面的问题非常契合。我相信，未来的中国社会，对类似问题的关注度会不断提升。

价值投资的成败，主要在于如何正确选股。而选股的成败，在于如何准确地对企业进行估值。这本书对估值讲了不少，还有很多具体案例。资本市场从来都不缺故事，这是资本市场的魅力所在。值得强调的是，大部分故事都不是真的。有些故事很粗糙，一眼就能看出其中的破绽。但相当多的时候，资本故事的情节错综复杂，让人一时间难以辨别真伪。对于那些希望在估值这个核心技术环节上进阶的投资者，我诚意推荐这本书。当投资者深刻理解了描绘故事的会计语言背后所蕴含的经济意义时，如果故事是假的，投资者就能够在听故事的过程中感知到风险，从而在故事露出破绽时转身离场。

巴菲特告诉我们，投资企业就像是买了一只会下金蛋的鹅。企业就是那只鹅，金蛋就是企业的自由现金流，如何判断未来一系列的金蛋，从而判断这只鹅的价值，是资产管理机构的核心定价能力的体现。道理虽然简单，但是依然需要投资者终身学习，与时俱进，不断拓展能力圈。

杨岳斌

浦银安盛基金管理有限公司价值投资部总经理

前言

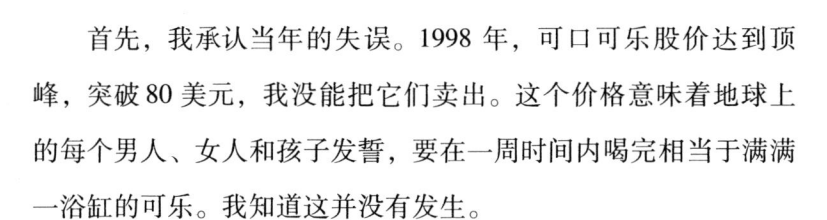

首先，我承认当年的失误。1998年，可口可乐股价达到顶峰，突破80美元，我没能把它们卖出。这个价格意味着地球上的每个男人、女人和孩子发誓，要在一周时间内喝完相当于满满一浴缸的可乐。我知道这并没有发生。

更糟糕的是我卖出了耐克的股票。2010年，这只股票的价格为67美元，我担心其市净率（price-to-book ratio）①已经突破了3。但我知道，那个珍贵的对钩标志出现在公司的资产负债表（balance sheet）上时，公司的资产和负债相抵之后恰好为0。自那以后，耐克的盈利和股价一同飙升。

你们不要以为我犯的错误仅限于日用消费品公司的股票，在2011年，我还错过了管道制造商——米勒工业公司（Mueller Industries）的股票。这家公司的股价会在房屋开工率下降之后随之下跌，这是一种总会宣告结束的周期性情况。我不仅知道这一点，还十分熟悉这家

① 即每股股价与每股净资产的比率。市净率越低，代表股票越便宜。——译者注

公司。熟悉到什么地步呢？我家安装了米勒工业公司生产的铜弯管配件。结果，米勒工业公司的营业收入继续倍增，其股票分拆。[①]

这些都是我犯下的错误，还不止这些。有时候我是做错了事情，另一些时候是没能做对事情。一些错误是自己主动犯的，另一些错误是疏忽所致。但这些错误，没有一个让我蒙受重大损失。它们更多是让我避免损失而不是遭受损失。

这就是价值投资（value investing）的魅力。它源源不断地对你不必要的节制、过早的卖出和不合理的持有给以警告。但是，它也为你标示了失败。虽错失 1 次胜利，但避免了 100 次失败。这是价值投资准则的美妙之处，而不是某个投资者做得好。它适合所有人。但是，几乎没有人懂得它。

当然，也几乎没什么人懂得投资。人们就是没有弄懂投资的含义。他们不理解，精心考虑使自己的财富增长到底对退休后的账户或者银行存款有多大的帮助。他们不会把今天的资本投入看作从明天的商品和服务中获得更大股权的一种方式。

他们即使购买了上市公司的股票，可能也不是投资，而是投机（speculating）。我把投机定义为：现在购买某件物品，希望日后能以更高价格卖出，而不去考虑为什么那样是可能的。投机与投资，完全是两个概念。

有些人确实懂得投资，但在这些人之中，只有少部分人理解价值投资。我把价

[①] 指当公司的股价上涨得太高时，公司通常会将 1 张股票分拆成 2 张、3 张等。如此一来，股票的总数量变多，但是单张股票的面值变小了，增加了股票的流通性，提高了对投资者的吸引力。——译者注

值投资定义为：根据对价格与价值之间明显差异的观察而采取的行动。

在理解价值投资的寥寥数人之中，又只有少数人曾向别人传授过这种投资方法。能够传授这种投资方法的人，可以挤得进一部电梯。这个群体人数很少，因为学术界几乎没有人鼓励大家去学这门学科。

价值投资是一个关于简化和粗略估计的题目。它摒弃了希腊字母和伪装成科学化资产管理的精确性。它支持电子表格中粗略的计算。它不强调理论上的敏锐、定量分析的神奇之处或者其他学术成就的体现。所以，这并不是通往终身学者的路径。

这样一来，你可以将我的身份定义为一个子集的子集的子集，即我首先是一位投资者，然后是一位价值投资者，接下来是一位价值投资的传授者。可能表述得有些复杂。

我没有创办基金。我之所以声明这一点，是因为写书有一个常见而有效的理由：让潜在的投资者能够深刻洞察作者个人的思想。但我写书的动机不同，我看到很多人做着有损经济利益的事情，所以想写一本书，来引发人们激烈的讨论。也许这会是讨论的开始。

这本书描述了我正在做的事情，这是我的思考，总结了我在这门学科里认为的最佳做法。这本书介绍了我采用的特定方法，有几个部分并不是标准。例如：我长期持股；我不使用杠杆；我不卖空股票；我的投资组合是集中的，从来没有超过12家公司的股票，而且通常比这少得多。

另一些真正的价值投资者则以不同的方式操作。他们可能每个月都抛售持有的股票；他们可能加杠杆、做空或者分散投资；他们还写不同类型的书。

到最后，我的特点究竟是什么，真的并不重要了，重要的是价值。只要人们下决心采用某种价值投资策略，那么他们的长期业绩可能优异，而变化对他们的影响就不再重要了。

想一想已动用资本回报率（return on capital employed）的计算方式，这是我将阐述的一个常见指标。在计算时，我用营业利润（operating income）作为分子。但很多人不这么算。他们用净利润（net income）或者息税前利润（earnings before interest and taxes）作为分子。关于这些不同的做法，人们产生了激烈的争论。但实际上这好比海景别墅的主人在观景时的不同视角，每一种视角都很好，都能将海景尽收眼底。

我从本科经济学课程中学到的重要一课就是：明白委托人与代理人之间的差别。委托人聘请代理人帮助做某些事情。在人们看来，代理人拥有特定的技能、关系或者其他特性，使他们具备了帮助委托人的资格。

在金融领域，委托人与代理人的关系可以是高净值人士与注册投资顾问、对冲基金的有限合伙人与普通合伙人，或者散户投资者与共同基金经理。

这本书主要是为委托人而写的。首先是为管理自己资金的人而写。书中基本上不涉及如何满足监管者的要求、与外部投资者沟通，或者只与代理人有关的重要主题。

当然，代理人也可能是委托人。代理人有自己的投资组合，通常在他们经营的资金池中也持有股份。除此之外，最优秀的代理人在管理客户资金时，会把它们当成自己的资金来管理。因此，这本书对代理人也有益。但是，需要把委托人放在首要位置。

大部分读者会喜欢钻研本书概述的各种流程，但有些人不会这样做。他们会觉得这些流程要求太高或者太过乏味，这并不是一个糟糕的发现。对有的人来讲，这一发现有助于他们意识到，他们不可能长时间坚持价值投资理念。这很重要，因为要真正地取得跑赢市场的业绩，就需要长线投资。那些对价值投资失去兴趣的人，应当转而考虑低成本的指数基金。它们是在产生令人满意的业绩上真正有益的创新。它们的回报，实际上已经跑赢了许多冒险进入选股领域的人，尽管这些人在其他方面的表现都是顶尖的。

发现了价值投资的人往往是通过以下两条途径：要么是受伤，要么是接触。遗憾的是，通过受伤来发现价值投资，实在是太常见了。也就是说，他们采用了一些别的投资策略，结果导致亏损，或者没有赚得足够多。增长方法、动量方法及其他方法，都在向投资者招手，后来又背叛他们。到最后，这些投资方法促使投资者去寻找更好的途径，所以他们有望尽早地发现价值投资策略。

另一条途径是接触。也就是说，在某个地方，以某种方式听说了某些人正认真对待价值投资。我就是通过这样的途径发现价值投资的。我一个儿时朋友的父亲经营着自己创办的价值投资基金公司。我和这位朋友在1989年大学毕业后，他进入家族公司工作，我成为其经营部门的一个小客户。

这位朋友经常向我提供一些与基金原则相一致的投资建议。我慢慢领会了他建议的优点。但是，一直以来我都是一名经验主义者（empiricist）。我注意到了哪些经验奏效，哪些不奏效。我试着依照奏效的经验去做，不照不奏效的去做。在20世纪90年代，随着时间的车轮滚滚向前，我在价值投资上的持股已经逐步替代了那些没有经过深思熟虑的持股。

接下来，就像现在一样，理论再也无法引起我很大的兴趣了，除非它很实用。到20世纪90年代末，价值投资背后理论的实用性上升到了新的高度。

互联网泡沫[①]让我感到迷惑。1999年，我参加商学院同学聚会时，曾经头脑冷静的同学，都在用新的商业模式以及从银行提款进行证券投资等故事来证明那个夏天高企的股价的合理性，但我心存怀疑。然而，这种市场情绪具有传染性。我返回加州，开始为一家高科技初创公司工作。

不过，我对自己的投资组合还是采取脚踏实地、稳扎稳打的策略。我已经忘记自己花了多少时间来思考投资事宜，但怀疑仍在我心头挥之不去。到元旦那天，我所持有的股票都是价值股，而我这最不时髦的股票账户开在加州的帕洛阿托市。

[①] 互联网泡沫：自1995年至2001年的投机泡沫，在欧美及亚洲多个国家的股票市场中，与科技及新兴的互联网相关企业的股价高速上升的事件。——译者注

当互联网泡沫在 2000 年 3 月破裂时，价值投资的优点开始显现。我的投资组合的价格稳住了。我持股公司的基本面都是可靠的。那一年，我没有卖出一只股票。一场欢欣鼓舞情绪的大流行，把我推入了价值投资的阵营，我在那里站稳了脚跟，我和不同类型的人谈论价值投资。在大学里，我给研究生上课，为散户投资者开办研讨会，给校友团体做演讲。我的听众和观众有一位已退休的心血管外科医生、一位高中毕业班学生、一名客户服务代表、一位风险资本普通合伙人。他们来自中国北京、肯尼亚内罗毕、加拿大多伦多和瑞士沃州。他们中年龄最大的 74 岁，最小的 17 岁。

尽管我的观众和听众具有如此大的差异，但我教给他们的投资方法总是相同的。我直率地演讲。我把投资视为一种交易，好比修理管道或者理发，它只有在奏效的时候才是有益的。

只有当水流进水槽并装满管道，那么修理管道才是有用的。同样，只有当理发师做出了好的发型，理发才是好的。那么，在投资方面，只有当它产生了长期跑赢市场的业绩，才是有益的。投资者是不是能够描述波动性与利率之间的关系，与水管工能不能画出美索不达米亚的灌溉图，或者理发师能不能画出毛囊相同，根本不重要。如何证明做好了这些事情，是装满水的水槽、漂亮的发型以及可观的回报。

我的简单方法是有代价的，我会忽略某些细节。公司战略、认知心理学以及价值投资模型中涉及的其他学科的专家们会找出我的纰漏。例如，会计师会注意到，我对商誉的定义忽略了将收购成本的一部分转让给可识别的无形资产。有道理！

有一条线可以区分简化和过度简化。我尝试过在不脱离前者的情况下把这条线画得尽量靠近后者。但是，在不同的主题以及不同的读者之间，这条线的位置也不同。总的来说，我喜欢直入主题的演示，但这样的演示也许淹没在那些可能令人厌烦的详尽的演示中。

这本书延续了我的演讲方式。对刚刚涉足金融的人来说，我希望能以一种清晰而迅速的方式来呈现。对机构投资者和经验丰富的个人投资者来说，我希望我的话能够清楚地说明一个以模棱两可而闻名的问题。毕竟，我希望这本书能作为一次接触：一次足够生动、足够合理、足够吸引人的接触。如果不是这样，总会有人受伤。

引言

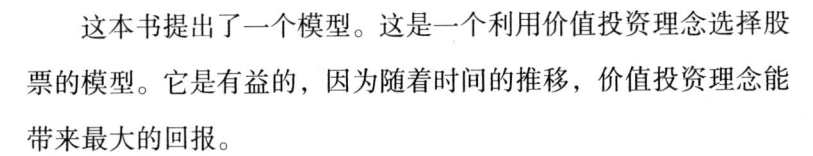

这本书提出了一个模型。这是一个利用价值投资理念选择股票的模型。它是有益的,因为随着时间的推移,价值投资理念能带来最大的回报。

这个模型做了3件事情。第一,它使得人们终身的投资可能产生高于市场的回报。第二,它使得人们不可能做出回报低于市场的投资选择。到目前为止,一切还不错。第三,遗憾的是,这个模型也引入了另一种可能性:它有可能使得人们不做本来可以产生高于市场回报的投资。有时候,当某笔投资原本可以接受,这个模型却促使人们拒绝。它对金融机构和公共事业公司做出了奇怪的判断,这类业务在评估时很糟糕。但正如你接下来会明白的那样,人们如果能够得到前面描述的两个好处时,也就会愉快地接受这个缺陷。

这个模型从3个步骤开始。每个步骤都是我们对投资对象提出的一个问题。

- 我了解它吗？
- 它好吗？
- 它价格低吗？

这3个步骤是按顺序来的。以上3个问题需要依次回答。为了转向下一个，每个问题都必须用"是"来回答。如果你不了解某项投资，那么，它究竟是好是坏，对你来说没有意义。如果它不是好的投资，那么，它的价格到底低不低，对你也没有意义。在回答这3个问题时，只要有一个回答是否定的，那就拒绝投资。因此，这个模型为人们的投资确立了较高的标准。也就是说，投资必须是可以理解的、好的和价格低的。

这个模型还有其他许多含义。我们将在接下来的内容中自然而然地展开叙述。不管人们的受教育程度、专业水平或者从业经验如何，也不论有着什么样的动机，都可以熟练掌握这个模型的全部内涵。

这个模型来自3个独立的学科：金融学、战略学和心理学。

第一个学科（金融学）揭示了哪些公司经营成功且股票被低估，这是会计学，此外还加上一些根据会计核算结果的计算。这是一种定量分析，令人高兴的是，除了简单的数学，没有更复杂的要求。

第二个学科（战略学）展示了哪些公司拥有成功的潜质。这是一种定性分析，到底是什么因素使得公司从同行中脱颖而出，而且要想象几年后的情景。

第三个学科（心理学）关于如何克制，这是拒绝误判所必需的，那些误判来自人们天生的偏见。人们的想法很有趣，这并不是说我们很可笑或者犯了错，只是说，我们是人。我们要警惕自己可能做出不好的判断，这需要我们尽可能把它们剔除出来，以防它们伤害我们。

简单来讲，我们的方法是跨学科的。它之所以跨学科，不是因为我们需要向这个世界表明我们多么像文艺复兴时期那样，而是因为它必须跨学科。有的人擅长数字计算，但对认知偏差一无所知，这是有局限的。如果某位优秀的公司战略家无法读懂财务报表，那就没有希望成为优秀的价值投资者。一位不能辨别战略优势的心理学家，也无法取得跑赢市场的业绩。

这正是成功的价值投资者经常呼吁要重视这3门学科的原因，但这种呼吁容易被人们忽略。许多投资书着重关注财务分析，有些则加上了竞争战略的分析。但心理学往往成为一个单独的主题。我认为，这是由于专业的价值投资者在自律这个方面已经练习多次，他们不把心理学当成一个值得关注的分离科目。我跟他们不一样。

这本书引用了特定公司的事例来作为例子。这些例子在我写这本书的时候是可靠的。不过，商界总是变化多端。有的公司可能出现了丑闻，有的公司也许改变了战略。在本书中引用的公司，将来可能会以完全不同的方式而闻名于世。有的公司变得辉煌，有的公司跌入低谷，但所有这些，都是我无法预料的。因此，建议读者一定要读这本书的最新版本，那样应当可以降低这种情况出现的可能性：有些事情在写这本书的那一年恰逢其时，然而等到读者读到这本书的时候，却看起来怪异得很。

目录

第一部分　价值投资的基石

第1章　静静的优质股　　　　　/ 003

第2章　为什么是股票　　　　　/ 008

第3章　价格与价值是不同的　　/ 018

第4章　测算投资业绩　　　　　/ 025

第二部分　价值投资模型

第5章　了解企业　　　　　　　/ 039

第6章　会计是一种语言　　　　/ 052

第7章　已动用资本　　　　　　/ 068

第8章　营业利润　　　　　　　/ 086

第9章　自由现金流量　　　　　/ 094

第 10 章	账面价值与股份	/ 104
第 11 章	过去的业绩	/ 112
第 12 章	未来的业绩	/ 128
第 13 章	对股东友好	/ 151
第 14 章	价格低	/ 169
第 15 章	价格推动风险	/ 194
第 16 章	错误判断和错误行动	/ 200

第三部分　投资组合管理

第 17 章	投资组合与股票卖出	/ 221
第 18 章	投资的道德立场	/ 231
第 19 章	投资想法的来源	/ 234
第 20 章	价值投资者之间的区别	/ 245
第 21 章	保护投资组合	/ 251

术语表　　　　　　　　　　／257

致谢　　　　　　　　　　　／277

第一部分
价值投资的基石

第1章　静静的优质股

价值投资是一种投资策略,它是为追求回报而配置财富的一种方式。

随着时间的推移,价值投资的业绩胜过其他投资策略,研究证明了这一点。不是有些研究,而是绝大多数研究。

查阅所有这些研究,需要花些时间,并且需要查阅者天生具有一种不爱社交的倾向,具有这种倾向的人,会觉得畅游学海是一种乐趣。不过,一篇题为《有效的投资之道》(What Has Worked in Investing)[1]的论文很好地进行了综述,这篇论文由特威迪布朗公司(Tweedy, Browne)发表。尽管文章有些过时和学术,但仍然很不错。

经常阅读商业新闻的人如果低估了价值投资的威力,是情有可原的。毕竟,其他投资方法更频繁地登上新闻头条,如增长、新兴市场、高频交易等。那么,如果说价值投资业绩这么好,为什么我们没怎么听

[1] 请登录这个网址查询:http://www.goodstockscheap.com/1.1.htm。

说过呢？

这有几个方面原因。一个原因是，在新的产品中，这种策略没有得到充分介绍。专业人士没有推出太多的价值基金，所以媒体对价值投资的报道很少。我们听到最多的投资策略是那些希望得到关注的策略。它们可能是上个季度业绩最佳的策略，或者契合当前一些在地缘政治或高新技术方面的主题策略。它们是投资经理人发现最容易筹集到资金的策略，最容易建立起新基金的策略，它们叫得响亮。因此，它们自然而然地在电视新闻、博客文章和报纸专栏中频频亮相。

相反，价值投资完全不动声色。它不会吵着要公众出钱。有些从业者不再接受新客户。另一些甚至关闭了他们的基金、将超额收益返还给投资者、不再从事外部资产管理，并且从公众的视线中消失。他们不再主动地筹集资金。

雄心勃勃的投资经理人之所以没有动力选择价值投资作为他们的投资策略，是可以理解的。一个原因是，价值投资的方法需要花时间来做。以低于价值的价格买入的股票，价格应该会上涨，但上涨的时间是不可知的。换一种说法，价值投资者知道会发生什么，但不知道何时发生。因此，价值投资经理人很少获得即时满足，他们需要耐心。这可能使得许多年轻人转头离去。

另一个原因与投资行业中的薪酬标准有关。价值基金通常简单。它们常常是只做多不做空的股票基金，只是用自身的资金买股票。这种基金一般每年向经理人支付其管理资产的 1% 的薪酬。

但复杂基金往往支付更多报酬。一只典型既做多又做空的股票基金（既买入股票，又赌其他股票会下跌）每年向经理人支付其管理资产的2%的薪酬。另外，假如基金还赚取了超过某个门槛的收益，经理人还可获得其中收益的20%。这些薪酬的数目看起来更加可观，对商学院毕业生来说很有吸引力。

总体来讲，随着时间的推移，简单基金的业绩胜过复杂基金。奇怪的是，成功做好了普通事情的经理人，收入却低于那些在花哨事情上失败的经理人。要完全理解这有多么奇怪，请参考一个类比。

在体操这项运动中，难度是可以获得额外加分的。相互竞争的运动员会自信地将具有挑战的元素融入他们的规定动作之中，他们知道自己会凭借这种难度更大的技能而获得加分。这确实是有益之举。例如，体操运动员做出了"阿拉伯前团两周"（也就是两个空翻再加半转体）的动作后，可以获得额外加分。这个动作很难，但很漂亮。观众会大饱眼福，仿佛在亲眼目睹一场雄心勃勃的翻筋斗大赛。体操这项运动也会受益，因为它使得艺术与运动的界限被进一步拓展了。

投资管理行业也为难度增加而给经理人额外的奖励。专业人士当试着做某些更难的事情时，往往获得更多报酬。但总的来说，他们还是失败了，而且从中品尝了许多痛苦。持续的业绩不佳，使客户的资金受到亏损。经理人的"阿拉伯前团两周"导致他们摔得鼻青脸肿，而且，他们并非偶尔如此，而是经常这样。

第1章 静静的优质股

参考另一个不同的比较。想象两家航空公司为你提供从美国旧金山飞往圣迭戈的服务。A 公司提供正常的服务。B 公司提供的服务有些特别，一是让飞机倒着飞，二是把飞机翻过来飞，同时让你花更多的钱来购买这种特技飞行的特权。很可笑，对不对？

然而，这就是投资管理行业的设置。最古怪的飞行员因为他们的大胆而得到奖励。现在，在某种程度上，倒着飞和翻过来飞，说起来还真有一套，这听上去令人兴奋。如果你的目的是追求刺激，那么 B 航空公司很有吸引力，但那并不是你的目标，你的目标是抵达圣迭戈。

投资管理行业经常发生的事情是，人们忘记自己的目标是抵达圣迭戈，而是怀着倒着飞和翻过来飞的希望耗费自己的资金。人们忘记了自己的目标是长期获得超额回报，而只想着为了在某些行业、战略或市场上获得经验。他们被误导了，以至于重新定义了目标。

我们没怎么听说过价值投资还有一个原因，就是这种投资本身是一种静悄悄的活动。在公开市场上购买股票并持股数年之久，本身并不引人关注。

相反，想一想风险资本。当一家风险资本基金投资某家初创公司时，常常被大肆宣扬。以爱彼迎（Airbnb）网站在 2015 年第 4 季度获得 1 亿美元融资为例。《华尔街日报》（*Wall Street Journal*)、《财富》（*Fortune*）以及《金融时报》（*Financial Times*）等报刊杂志都刊登了这一事件。但在同一时期，价值投资公司 Gardner Russo & Gardner 在啤酒公司百威英博（Anheuser-Busch InBev）上的投资基本上无人关注，尽管该投资规模是爱彼迎的两倍。

这是一个反常事实的缩影。业绩与知名度之间存在着逆关系。使投资者失望的投资方法往往获得关注，而业绩更胜一筹的价值投资却容易被忽略。

> **总结**
> 1. 随着时间的推移，价值投资比其他投资策略更好。
> 2. 价值投资的影响力几乎无人报道，而且这种趋势仍会持续下去。

第 2 章　为什么是股票

大多数价值投资者重点关注股票（stocks）。股票也被称为股份（shares）或股权（equity）。

许多价值投资者特别青睐上市公司股票。这些股票在交易所上市交易。

上市股票（listed stocks）构成一种资产类别（asset class）。它们是一组证券，价格往往会随着事件的变化而波动。除了上市股票，资产类别还有许多，例如债券（bonds）。债券是债务。股票是企业的所有者权益，债券是借据。债券可以由国家、城市以及各种规模的公司发行。

除此以外，还有其他一些资产类别，比如欧元和澳元之类的货币，谷物和白银之类的大宗商品，初创公司等非上市公司的股票。那么，为什么价值投资者唯独喜欢上市股票呢？

因为上市股票的回报久而久之将胜过其他任何资产类别。我选择上市股票来阐述我们认为存在的可能性。

上市股票的年均回报率有多好？非常好。标准普尔500指数（S&P 500 Index）体现了美国大型公司上市股票的投资回报。自我出生的1967年开始，包括分红在内，这些股票的年均回报率超过10%，这已经很多了。假如在我出生的那一天投资1万美元，到2015年年底，这笔钱将变成100万美元。

我们容易理解上市股票业绩为什么胜过债券。债券代表一种承诺，承诺偿还固定金额的本金加上利息。因此，从债券投资中获得的金额是有限的，它限定为本金（或者是最初借贷的数额）加上利息。

债券的利率（interest rate）有时候是锁定的，有时候则是变动的，围绕某个波动的基准设置了一定的利差。如果基准抬高了，债券的利息可能上涨。但它们不会仅仅由于发行者（issuer）的业绩上升而猛涨。没有哪些公司决定给债券持有者发放奖金。而且，借贷的数额（也就是本金）根本不会增多。这正是债券的回报有一个上限的原因，因此债券也被称为固定收益（fixed income）证券。

股票没有上限。企业不会对它们做得多么成功而设定一个界限。各公司可以赢得客户的信任、引进新的产品、进入新的市场、优化资源、增加盈利，而且保持这些势头几十年。尽管我们无法保证它们做到这些，但它们有可能做到。这正是股票久而久之会产生更好回报的原因。它们只不过是要求收益不断增长而已，它们提供了没有上限的上行空间。

货币和债券一样，也是一种潜力有限的投资。这有两个原因，第一个原因是通货膨胀。随着时间的推移，通货膨胀侵蚀了现金的购买力。

举一个巴尔博亚冰激凌的例子，这是我儿时在南加州常吃的一种冰激凌。它是一种方块形的香草冰激凌，在一锅熔融的巧克力中浸泡，然后在顶端洒上巧克力。内行的"吃货"还会在冰激凌的一侧撒些花生碎，另一侧撒上巧克力屑。

1979 年，我们举家迁往南加州。那年夏天，这种冰激凌的价格是每支 1.25 美元。37 年后的 2016 年，我花 3.75 美元买了同样的冰激凌。这意味着，其价格平均每年增长略高于 3%，换句话讲，1979 年时我买一个巴尔博亚冰激凌的钱，到 2016 年仅能买下它的 1/3。时间使得金钱的价值减少了。

即使我在 1979 年将 1.25 美元存入一个计息的储蓄账户，到 2016 年，得到的钱也买不了一个巴尔博亚冰激凌。这是为什么？

第一个原因是税收。赚来的利息是应纳税的收入。如果我平均每年将收入的 50%——大致是加州和联邦政府税率的总和——用来纳税，我需要挣得两倍高于通货膨胀率的收益，才能保持收支平衡，但银行的平均利息水平远低于那一数字。

并不是只有我存钱的银行才这么做，典型的存款利率都是这样。1979—2016 年，美国的年均通货膨胀率约为 3%，和巴尔博亚冰激凌的价格上涨幅度大致相当。这很有代表性。

第二个原因与外汇市场的特性有关。外汇市场规模庞大，从交易量上来看，它是世界最大的金融市场，数百万名参与者在这个市场中交易。错误的定价将在转瞬之间消失。因此，用一种货币来交换另一种货币以谋求盈利的机会是十分罕见的。

大宗商品也达不到长线投资的标准。过去几十年里，农作物和金属的价格只不过是跟住了通货膨胀。如果把持有成本考虑进来（例如，转运和储存农作物时的成本与费用），这些商品的实际回报还抵不上通货膨胀。

未上市股票，也就是私人控股公司的所有者权益，其总体的收益也不尽如人意，这可能令人难以置信。毕竟，关于初创公司股东一夜暴富的故事实在太多了。例如，2014年脸书（Facebook）收购智能手机即时通信应用程序WhatsApp时，后者的早期投资者赚得了近600%的年均回报率。

但是，每出现1个WhatsApp，便会有100个Firepad。你没听说过Firepad吧？那是一家高科技初创公司，我在1999年参加了商学院同学聚会后，便加入这家公司。尽管公司的同事们付出了巨大的努力（许多人如果换个地方去拼搏，说不定早就成功了），但Firepad公司还是没能腾飞。

未上市公司股票的历史业绩受到选择性偏差（selection bias）的影响。成功的故事被大肆吹捧，而更多的失败案例则默默无闻。由于没有哪家核心的官方机构强制要求企业披露亏损，这种默默无闻会继续保持下去。这适合各种形式的私人控股公司，包括天使投资、风险资本和私募股权。为数不多的几家一夜暴富的公司为众多创业者设定了很高的期望，而大量失败的公司则销声匿迹了。

这种偏差也偷偷呈现在官方统计数据中。2015年年初，美国风险投资协会（the National Venture Capital Association）指出，"在10年、15年和20年的期限内，风险资本的业绩跑赢了道琼斯工业平均指数（DJIA）、纳斯达克综合指数（NASDAQ Composite）和标准普尔500指数"。

这一声明的依据是投资公司康桥汇世（Cambridge Associates）发布的风险资本指数。康桥汇世是一家备受尊敬的机构，但他们说，他们是从"基金经理人那里获得数据的"。与其他数据提供者不同，康桥汇世没有利用《信息自由法》（Freedom of Information Act，简写为FOIA）、监管机构备案、经理人调查，或者从无用新闻报道中获取信息。

这种类型的自我报告产生的数据可能比强制披露的更耀眼。想象一下，如果选择性偏差应用到我们对上市公司股票业绩的预测，会是怎样的情形。这就好比每年的标准普尔500指数完全由5只业绩最好的股票组成，由这5只股票"轮流坐庄"。

2014年，标准普尔500指数的回报率是11%。但如果我们简单地抛下495只业绩落后的股票，只看5只业绩最优的股票，回报率达到101%。

在有些年份，其他资产类别的回报也确实曾超过上市股票。2010年的黄金就是一个例子。在另一些年份，回报最佳的资产类别可能是印度卢比、巴西政府债券，或者非上市公司股票。同时，一些边缘从业者似乎总能从某些外围的资产类别中获取非同一般的回报。但总体来看，随着时间的推移，对大多数人来说，交易所交易的股票业绩最优。

尽管除了上市股票，其他资产类别让投资者失望，但它们却让经理人高兴。债券、货币、商品、私募股权以及风险资本基金的负责人可能摇身变成富豪。关于他们的成功故事到处流传，但那些故事并不是源于资产类别的优异业绩，而是源于慷慨的薪酬体系和不断扩张的基金规模，并非外部投资者乐享的巨额回报。这些成功故事讲的是经理人，而不是股东。它们不应该歪曲参照标准。

除了上市股票，其他资产类别并非没有社会效用。市政债券资助城市急需的基础设施建设；风险资本则支持医学研究的突破；农作物期货为农民们控制了未来价格的不确定性。但这些资产都更难取得超额的回报。

价值投资者往往从不同视角观察上市股票。我们不会把上市股票想象成在接下来的一星期、一天或一小时之内，价格或涨或跌的电子符号。我们把它们想象成企业中的股份。采取这样的视角，投资就成为一项有意识的、经过深思熟虑的活动，一项关于购买企业的活动。

为了真正理解这一点，我们通常采用购买整个公司的视角。因此，不论我们是买下某家公司 100 股的股票，还是买下整个公司，我们的方法都是相同的。为了分析某项投资，我们先从分析企业开始。

这种方法被称为基本面分析（fundamental analysis）。它关注公司的财务报表（financial statement）、战略定位以及其他特定的因素，很少使用股价图或宏观经济因素。

在基本面分析中，我们主要的数据来源是年度报告（annual report），也被简称为"年报"。这些报告类似于杂志，每年由上市公司发送给股东。年报可从公司官方网站上免费下载，但通常有100多页内容，还搭配着各种信息图表、标识以及高管的照片。怎样才能有效地用好年报呢？

一条好的经验是，年报的页面越花哨，其作用越小。在看年报时，直接忽略那些柱状图、CEO（首席执行官）致辞和世界地图。年报的精髓通常从合并的财务报表开始。

在年报中，某个主题所占页面的位置与多少，通常与那个主题的重要性没有关系。究竟哪些内容重要，由我们自己决定。

想一想通用汽车公司（General Motors Company）。2014年，该公司的年报长达135页。开篇是十几页照片和好几个故事，包括关于在科罗拉多州一位雪佛莱轿车车主的故事、关于凯迪拉克品牌重新定位的故事，以及向战争地区的孩子们捐赠足球的故事。这些信息对价值投资者来说是不是最重要的？不是。它们是不是毫无意义？也不是。但它们不值得价值投资者投以极大的关注，而它们在年报中所处的位置，似乎暗示价值投资者应该高度关注。

在美国，各公司要递交年报的简装版本，被称为10-K报表。这是一种白纸黑字的报表，幸运的是没有产品照片和饼图。在美国交易所交易股票的非美国公司也要提交类似的报表，被称为20-F报表。

10-K和20-F报表都可以从公司官网或者美国证券交易委员

会（SEC）的网站①下载。甚至一些美国公司为我们服务，在其年报中备份了 10-K 报表。

如今，我们拥有的许多在线数据服务都提供与 10-K 报表、20-F 报表及上市公司年报等相同的信息，而且通常以更加易于理解的格式提供。那么，我们为什么还要以传统的方式来查阅这些东西呢？

有两个原因。第一，年报更加可靠。在线数据服务是一种出版服务，它是受保护的。在美国，它们受到《宪法第一修正案》（the First Amendment to the Constitution）的保护，在加拿大受到《权利与自由宪章》（the Canadian Charter of Rights and Freedoms）的保护，在德国受到《基本法》（the Basic Law）的保护。在其他许多国家，也受到类似言论自由的保护。如果某项在线数据服务犯了个错误，可能失去一些订阅用户。

相反，监管部门要求公司提交年报，这些报告的准确性受到法律的保护。如果公司故意捏造数据，其高管可能会被送进监狱。到底什么人可能在计算时更加追求精确性，是出版商还是公司的首席财务官？

第二，在线数据服务只对年报的叙述部分进行总结。这需要它们来解释，而这种解释可能会有曲解，尽管只是出于无意。价值投资者更喜欢尽可能地获得源头的信息。我们想听到第一手的信息，然后自己来解读。

季度报告（quarterly report）也是有益的，但不如年报。这是因为，在撰写的过

① 美国证券交易委员会的网址为 www.sec.gov。

程中，季度报告不会获得与年报同样详细的审查。这并不是说季度报告很草率，只是它们没有得到审计（audited）。它们没有被外部的公共会计人员挑选出来，以确认其中包含的数据是否完整。尽管审计不会十全十美，但确实提供了一层额外的保障。

季度报告用处较小的另一个原因是，财政年度的第 4 季度可以抹掉前 3 个季度的预测。因此，为 3 个月而准备的数字，并不像为 12 个月而准备的数字那样可靠。

但季度报告也有它的用武之地。它最好是作为需要及时提供的数字来源，而不是需要被审计的数字来源。

在美国，可以在一个被称为 10-Q 的简单表格中获取季度报告。和 10-K 报表一样，10-Q 报表也可以免费下载。

对美国公司来说，有一种额外的文件极为有益，那便是委托声明书（proxy statement）。在公司即将召开年度股东会议时，这种声明书可从公司官网免费下载。它包含关于高管薪酬、支付给董事会成员的酬金、可能存在的利益冲突等方面信息。在理想的情况下，这些数据将包含在年报中。其他许多国家也是这么做的。

另一个数据来源是投资者关系部门。这一部门中的员工回答实际的和潜在的股东们提出的问题。他们以事实为基础，通过电子邮件来回答那些提问明确的问题。规模小一些的公司让 CEO 来做这些事，或者把这项任务外包给专门的投资者关系公司。

我发现，投资者关系部门的员工回答水平参差不齐。最优秀的是有条不紊的那种人，他们回答问题迅速而全面。做事缺乏条理的人回答问题慢一些,也片面一些。但是,不完美的回复,本身也是一种有用的信息。投资者关系部门的员工如何回答问题,也是答案的一部分。

价值投资者最可靠的信息来源是不需要成本的,这似乎很不寻常,但现实的确如此。这与那些被提供实时数据的计算机包围的股票交易员的严肃形象发生了冲突。但与价值投资一样的是,免费和简单的东西,显得比昂贵和复杂的东西更好些。

> **总结**
> 1. 价值投资者之所以重点关注上市股票,是因为随着时间的推移,它们的回报最为丰厚。
> 2. 股票是企业的所有者权益。
> 3. 明智的股票投资从基本面分析开始。
> 4. 用于进行基本面分析的最可靠的免费数据来自年报。

第 3 章　价格与价值是不同的

Aqua Sphere 是意大利的一个泳镜奢侈品牌。和经典的泳镜相比，这款泳镜看起来比较有趣。它没有采用常见的双杯设计，而是采用单框架结构，用一个带凸缘的硅胶裙带将整个脸包起来。它看起来像是一副压平了的滑雪镜。

对游泳选手来说，这种设计有它的优势。它的系带施加的力，可以很舒服地分布在脸部更大的范围内。硅胶裙带柔软的抓取力量，最大限度地防止漏水到眼眶周围的问题。平坦的设计则减小了阻力。如果相邻泳道的选手不小心打到了泳镜的框架，泳镜的镜片也不会翻转过来。

出于这些原因，许多游泳爱好者更喜欢这个品牌的泳镜，而不太喜欢经典款式的。

我在旧金山一家名叫"体育地下室"的体育用品折扣店花了 23 美元买到一副 Aqua Sphere 泳镜。但在 10 个街区之遥的铁人三项精品店，同款泳镜需要 30 美元。当然，两种泳镜起到的作用是一样的，舒适度是一样的，防水性是一样的，流线型的形状也一样。很明显，在这个案例中，价格对产品质量没有影响。

现在想象一下，这种功能强大的产品价格开始上涨。一夜之间，在加州的任何地方，你找不到价格低于 35 美元的 Aqua Sphere 泳镜了。

游泳爱好者开始将价格上涨的行为合理化。"因为它们是意大利热那亚生产的；因为奥运选手使用它们；因为厂家会停产。"一时间，谣言四起。由此，Aqua Sphere 泳镜传播了一种高档的、精英的品牌声誉。

网络写手注意到了这种情绪，他们抓住了这种泳镜以前被人们忽略的优点。"它们是在地中海测试的，皇室成员喜欢用它们。"健身产品评论家发现了这种单框架结构与两性魅力之间存在的关联。超模们为每一件泳衣配备了一款不同的 Aqua Sphere 泳镜。于是，这种泳镜的需求开始疯涨，使得热那亚失业的人都找到工作了。

现在再来想象与之完全相反的情形。Aqua Sphere 泳镜的价格非但没有上涨，反而直线下降。首先，铁人三项精品店率先将价格降到与体育地下室的价格一样，都是 23 美元一副。然后，铁人三项精品店彻底不再销售这种产品了，将剩余的库存产品以 19 美元的价格甩卖。该品牌泳镜开始出现在商店的"清仓处理商品区"，其反光的塑料镜片上贴着红色的打折标签，标签上写着"9.99 美元"。

当游泳爱好者们聊到这种泳镜时,"画风"完全变了。"它们不是经典款式,而且看起来很怪异。"社会组织注意到,意大利人突然掀起了一股捐赠泳镜的热潮,让人百思不得其解。几乎一夜之间,没有人想戴着这种泳镜出洋相。

很可笑吧?从追随体育时尚的角度来看,上面这种情景是可以想象的。例如,人们对特定款式泳衣的需求,一定会随着品味的不断变化而波动。但这种注重功能的泳镜,可能更像是一种高科技产品。人们是根据产品的特点来判断的。Aqua Sphere 泳镜有一系列客观的性能特点,哪怕是能力超群的游泳选手,也对这种特点称赞有加。这种泳镜更舒服,漏进眼眶周边的水更少,而且采用了流线型设计。基于这些简单直接的原因,它们是非常不错的。

那么,各公司的情况又是怎样的呢?人们判断它们的时候,到底是受时尚潮流的影响,还是根据它们的特点?同样的道理,各公司也确实有一些特点来彰显其价值。然而,由于股票价格的变动,投资者对各公司的情绪也通常摇摆不定。

有的公司确实更好些。它们有着卓越的经营业绩、可靠的战略定位,并且出于对股东友好的考虑,这些公司的定价往往是公允的。但其股票价格有时飙涨,有时狂跌。不过,它们的价值不会受到价格波动的影响,最多就像 Aqua Sphere 泳镜那样,在被甩卖的时候被人们说成容易漏水。

这种理念对我们的投资至关重要。价值投资的核心理念:价格与价值是不同的。价格是在任何特定的时间点上可以购买或出售某件商品时的价格。价格是波动的。相反，价值是某件物品值多少钱，它不太波动。

对价值投资者而言，价格与价值无关。只有基本面分析才能证明价值。以泳镜为例，基本面分析就是测试它的舒适度、防水性及是否影响游泳速度。以各公司为例，基本面分析就是测算历史经营业绩、衡量战略定位及对股东的友好程度。价格没有被纳入基本面分析之中。它只是影响了什么时候买，而不是买什么。

人们容易忽略这种区分。在大众媒体的报道中，价格经常被误认成价值。例如，2014年年底，苹果公司的股价创下新高。英国《每日电讯报》（*The Daily Telegraph*）在显著位置报道："苹果如今的价值已超过7 000亿美元，成为世界上最有价值的公司。"

苹果公司果真价值7 000亿美元吗？或者，会不会只是苹果公司的股票市值达到了7 000亿美元？当然是后者。它也可能是前者，但在这种情况下，一定是后者。

价值投资者这种将价格与价值区分开来的行为，与"有效市场假说"（Efficient Markets Hypothesis，简写为EMH）理论背道而驰。该理论认为，某物的价格就是它的价值。"有效市场假说"是以理性为前提的，它认为，人们在市场中操作之前，会把成本和收益当成结果来衡量，因此产生准确的价格。

价值投资者承认，随着时间的推移，股票的平均价格确实体现了它的平均价值。但在一个单一的时间点上，可能不是这样。

而这些单一的时间点足够多，多到足以动摇"有效市场假说"的地步。股票的价格与价值相去甚远的时刻，也正是价值投资者采取行动的时刻。

大多数人认为，高企的、正在上涨的股票价格，证明了该股票所属的公司是一家高价值公司，而便宜的、正在下跌的股票价格，证明该公司是一家低价值公司。他们把股票价格当成价值的指标。

然而价值投资者不受这种假象的迷惑。我们使用基本面分析来得出内在价值（intrinsic value）。内在价值是我们衡量某家公司价值的指标。

确定内在价值是一个客观的过程，但也需要一定的判断。我发现，大多数时候很难做出这些判断。例如，在判断的过程中，我们会提到一个数字，它被称为过剩现金（excess cash），指公司拥有但并不需要的现金。

一些人认为，所有现金都是过剩的。这种观点的理由是，如果现金是公司需要的，那么它将不再是现金。公司将用它来购买某些东西（原材料、设备、人工成本等）。

另一些人的想法则完全不同。他们认为，只要不存在相反的证据，那么所有现金都是需要的。他们坚持认为，现金储备对公司是有好处的，至少能够吓跑潜在竞争对手。

碰到这种情况，我通常无法分辨。因此，我有时候计算两组数字。一种算法假定所有现金都是过剩的，另一种算法假定没有任何现金是过剩的。我最终算出来两个内在价值，它们构成一个区间。

事实证明，有这样一个区间就足够了。如果某家优秀公司的股价大幅低于我的下限，那么它的股票就被低估，我就买入。如果某家公司的股价大幅高出我的上限，那么它的股票就被高估，我就卖出。这样的话，尽管我无法精确计算某家公司的内在价值，但这并没有成为我的局限。这对一篇博士论文来说可能是个局限，但如果我只是想搞清楚是否买入或卖出某只股票，就不是局限。

价格并不仅仅因为它下跌了就低廉。如果某只股票的价格低于其本年度最高价格的50%，那就证明该股票的价格比这个年度的高点低了一半，其他什么也说明不了。同样，价格也并不仅仅因为它飙涨了就很高。一次极端的价格变动可能使我们清醒地发现，这是一个分析某家公司的机会，除此之外，它再也不能提供任何信息。

请注意价值投资是如何不同地看待价格的。这是一个提议。我们可以采纳，也可以不采纳。这并没有教会我们任何东西。如果价格处在我计算出来的内在价值范围之外，我不会突然间质疑自己的分析。我会暂停下来，集中精力，看看能不能做些明智的事情。

总结

1. 有的公司是优质的。
2. 优质公司的股票值得在某个价格上买入,但不是任意价格。
3. 价格和价值通常被混为一谈。
4. 区分了价格和价值的投资者,获得了一种少有的优势。

第4章 测算投资业绩

正确地测算自己的投资回报，似乎是一个非常普遍的话题，有些投资者认为，探讨这个话题，好比在侮辱他们的智商。职业投资经理人尤其对他们经过反复试验的方法感到自豪，会非常礼貌地婉拒你帮他们计算。但是，实践表明的情况却迥然不同，而且人们在计算时自欺欺人的可能性很大，因此这个话题值得我们在这里认真探讨。

正确地计算自己的历史业绩是有益的。它提供了一个基准，也为观察将来的回报提供了一个模板。此外，这个过程还揭示了投资中是否还存在进步的空间。计算应当诚实，要以严苛的方式来进行，好比节食者对自己吃东西的量要求十分严苛那样。经纪账户对账单（brokerage statements）经常令人困惑，它充斥着金融机构提供的各种晦涩难懂的东西，而金融机构也因此臭名远扬。不过，这些对账单确实提供了计算时需要的数据。

我采用3个步骤计算自己的业绩。第一步，计算每年的回报率。第二步，计算年均回报率。第三步，将平均回报率与标准值进行对比。

第一步，计算每年的回报率。对每一年的情况，我想知道的是，相对于我管理的资金，我赚了多少钱。我赚的钱是分子，即分式的上半部分；我管理的资金是分母，即分式的下半部分。两者都用货币单位表示。当用分子除以分母时，便得到我在那个年度的回报率。

分子是4个部分的总和，即资本增值（capital appreciation）、已实现收益（realized gains）、分红（dividend）、利息（interest）。

分子的第一部分是资本增值。它表示某只持股在市场涨了多少或者跌了多少。我会计算到当年年底仍然持有的每一只个股的数值。

如果我一直持有这只股票到明年年初，我会用今年年底的价格减去今年年初的价格。我对所有的持股都这么计算。如果我在年初时拥有某公司1 000股的股票，买入价格是每股100美元，到年底的时候价格变成了每股120美元，我会用12万美元减去10万美元。

今年年初的价格，也就是上面这个例子中的每股100美元，来自去年的对账单。这是去年年底的价格。用这个价格来计算，胜过以今年第一天的股票价格来计算，因为后者可能是今年第一天交易之后的收盘价。我想要的是在今年开始交易之前的价格。

如果我在年中时买入了某只股票，我会用本年度年底时的收盘价减去买入时的总价，包括佣金。

分子的第二部分是已实现收益。它和资本增值一样，但针对的是我在一年之中出售的股票。如果我一直持有这只股票到下一年的年初，我会用已扣除佣金的卖出价格减去年初时的价格。如果我一年之中先是买入某只股票，然后又在同一年内卖出，我会用扣除佣金的卖出价格减去包含佣金的买入价格。

分子的第三部分是一年之中获得的所有分红。这很容易，因为它会打印在对账单上。

有些国家会预扣部分分红当成税收。例如，法国扣除30%。如果某家法国公司的股票派发了10欧元分红，那么其中的3欧元将被扣留，而且要退税并不容易（无法重新索回）。这样一来，分红的数额就成了7欧元，10欧元只是个虚数。

我并不反对法国的做法。但其他国家允许退税。当然，法国公司也可以按照一定的规则来做这件事。这首先要填写法国相关部门的申请表格，整个过程既不确定，又很缓慢。

分子的第四个部分是利息。利息分两种。一种是现金产生的利息，最终用来在本年度内购买了股票。另一种是本年度内卖出股票所得现金产生的利息。

在我写这本书的时候，我的美国经纪账户中，现金产生的利息几乎为0，不值得计算。但在更高利率的环境下，比如1979年，我花1.25美元买了一个巴尔博亚冰激凌的时候，利息还是非常值得计算的。综上所述，我们用以下公式来计算分子。

分子＝资本增值＋已实现收益＋分红＋利息

这种计算分子的方式，比简单地从某个投资组合中用12月31日的市场价格减去1月1日的市场价格更好。因为在一年之中，有些资金已经被取出来了。散户投资者可能取出现金来买房。机构的投资经理可能用现金来支付其他投资者的赎回。如果把这些取出的资金计算成减少的回报，是荒唐的。同样的道理，如果把储蓄计算成增长的回报，也是荒唐的。而我们的方法避免了这两个问题。

分母是一年之中管理的资金总额。这种资金正式的叫法是可管理资产（assets under management）。它是产生资本增值、已实现收益、分红以及利息的财务基础。

想象一下果园里的果树，收获的果实是分子，土地的面积则是分母。

分母是两个部分的总和。第一部分是以年初的价格结转到本年度的所有持股。第二部分是在一年之中用来购买股票的所有现金。

用分子除以分母，便得到了一年的回报率，特别是计算出了总回报率，如图4-1所示。总回报率，意味着分红也包含在分子之中。

如果计算时本着诚实的原则，那么总回报率的数字是有益的。有两种方法确保诚实地计算。首先，将所有收益和亏损都包含其中。某位拥有多个经纪账户的投资者，应当将所有账户的收益和亏损累加起来，即使是亏损账户。

其次，选择实际的投资起始日期。绝不能有意识地挑选恰好某个投资组合的价格开始飞涨时的日期来计算。

```
资本增值
   + 已实现收益
   + 分红
   + 利息
_____ = 总回报率
可管理资产
```

图 4-1　总回报率的计算

我在计算业绩时采用的第二步是计算年均回报率。年均回报率比任何一年的回报率都重要，因为它计算了长期的业绩。之所以这样计算，是因为我们每个人都有可能长久地活下去，而我们活在世上的这段时间，是长期，而不是某一年。

计算年均回报率至少需要 3 年的数据才有意义。

我最近 3 次从加州帕洛阿托市开车到山景城所花的时间分别是 12 分钟、11 分钟和 22 分钟。因此，我的平均时间是 15 分钟。这便是我日常生活中遇到的平均值。它被称为算术平均值（arithmetic mean）。它是用所有数据的总和除以数据的个数。

但我们不用算术平均值来计算回报率，因为它没有考虑增长的复合效应（compounding effect of growth）。相反，我们是用几何平均值（geometric mean）来计算，也被称为年复合增长率（Compound Annual Growth Rate，简写为 CAGR）。

如果每年以同样的方式来计算几何平均值，将使我们的实际收益曲线更平滑。

电子表格提供了计算几何平均值的内置函数。在微软的 Excel、谷歌表格以及 Apache Open Office 等软件中，这个函数叫作 GEOMEAN。

假设我连续 3 年的实际回报率就是我驾车时间的数字，也就是假设我第一年的总回报率为 12%，第二年为 11%，第三年为 22%。那么，GEOMEAN 这个函数告诉我，我的年均回报率为 14%。[①]

有的电子表格的几何平均值函数无法处理负数。例如，若某一年中的数据包括负的 10% 的回报率，函数可能无法准确计算。

这个问题解决起来很简单。只要将每年的回报率加上 100% 就行了。这样一来，负的 10% 回报率变成了正的 90% 回报率。然后使用几何平均值函数来计算，最后再用结果减去 100%，就是年均回报率。

我计算业绩的第三步是用我的平均回报率与标准值进行比较。标准值有两种：相对值（relative）和绝对值（absolute）。

相对值标准是某个指数，如标准普尔 500 指数的总回报率，2011 年为 2.1%，2012 年为 16.0%，2013 年为 32.4%。这 3 个数字的几何平均值为 10.3%，用 GEOMEAN 函数可以清楚地计算出来。因此，在这 3 年中，10.3% 就是基准（benchmark）。

如果某位投资者在这 3 年中的平均回报率是 5%，那么这位投资者就落后于基

①请登录这个网址查询：http://www.goodstockscheap.com/4.1.xlsx。

准。具体来讲，落后了 530 个基点（basis points）。如果平均回报率是 14%，那就领先了 370 个基点。

为什么我们不说领先 3.7%？为了避免误解。那个百分比可能被解读为 10.3% 加上 10.3% 的 3.7%，约等于 10.7%。但我们不是从 10.3% 中取出 3.7% 来计算的，我们是想把 3.7% 加上 10.3%，即 14%。因此，我们说基点，可以使这里的计算变得清晰。

另一种标准是绝对值。它是一个固定的百分比，如 10%。绝对值标准忽略指数的变动情况。

绝对值标准的支持者指出，只有正的回报率才适用。毕竟，我们不可能支持一个负的回报率。按照这种思路，如果指数亏损了 8%，某公司的股票只亏损了 6%，也显得表现平平。

相对值标准的支持者反驳说，市场提供了一股顺风，自然会带来积极的回报。按照这种思路，如果没有意识到这一点，也就是忽略了股价总体向上的趋势。22% 的总回报率听起来也许给人留下深刻的印象，但如果指数的回报率为 21% 时，印象就没有那么深了。

换句话说，在机场 10 秒内跑完 100 米，听起来像是达到了奥运比赛冲刺的速度，但移动的人行道被忽略了。

关于相对值标准的许多争论，集中在基准的选择上。选择像标准普尔 500 指数或道琼斯工业平均指数这样的宽基市场指数是一回事，因为这些指数反映一般经济情况。但将回报率与一些"定制"指数的回报率相比，则完全是另一回事。

哈林篮球队（Harlem Globetrotters）是美国一支因投篮戏法和趣味传球而闻名的表演球队。他们重在娱乐而非竞争。为了展示他们的特技，他们和一支叫作华盛顿将军（Washington Generals）的对手团队一起旅行。

华盛顿将军队玩的是毫无生气的篮球。他们故意表现得差劲。他们的目标是输球。

有些基准看起来就像是投资领域中的华盛顿将军队。它们的存在就是用来被打败的。换一种说法，可供选择的专业指数实在是太多了，以至于投资者一定能够打败其中的某个指数。有一家机构提供了总计超过 18 万种的全球股票指数。

但是，价值投资者的目标并不是找到像华盛顿将军队这样的某个指数。投资者选择基准，应当选择一个标准指数。一旦做出了选择，就要坚持下去，不要更换。

我更喜欢相对值标准。我会对照标准普尔 500 指数的总回报率来评定我自己的业绩。这个指数包含了分红，而我自己的回报也包含了分红。我的观点是，随着时间的推移，熟练的价值投资者可以战胜这个基准，平均每年超出约 500 个基点。

当然，我的偏好并不是那么有意义。时间期限越长，投资者究竟是使用相对值标准还是绝对值标准，也就变得越发不重要。这是因为，时间每延长 1 年，广义的市场指数的平均回报率就更加接近绝对值标准支持者选择的某个固定百分比。因此，它变得不那么重要了。

真正重要的是长期业绩。而某一年的回报，没有太大的意义。因为时间越短,意味着回报越少。测算几个季度或者几个月的业绩是没有意义的。选择这么短的时间期限,捕捉到的价格变动,只会反映其他投资者的狂喜与恐慌情绪,无法体现某个人的能力。此外,追踪这些短期的价格变动,可能适得其反,因为它们导致投资者追求短期目标,从而损害长期回报。

之前我提到有些国家的政府会预扣分红税,而不告诉你怎么退税,因此只有持股的净分红才属于分子。除此之外,我们曾探讨的回报都是税前的,这既是有漏洞的,又是必要的。

之所以是有漏洞的,是因为回报中的某些部分明显是纳了税的。分红是纳税的,卖出股票时的利润同样要纳税。在美国,短期内的已实现收益,比如卖出持有时间为 1 年及以下的股票所产生的收益,其纳税的税率与普通收入一样高。长期的资本收益也将纳税,但税率是较低的联邦税率。

之所以是必要的,是因为世界各国之间的税率差别很大。即使在一个国家内,也有全额征税的、递延征税的和免税的账户。再加上有些州和省的税制不同。此外,投资者从所有来源获得的总收入,也可以自行决定使用哪一种税率。因此,当不同的人拥有不同的税制时,如果只讲税后回报,便毫无意义。

但这并不意味着纳税不重要,它很重要。当它助推我们选择适合长时间持股的策略时,它变得非常重要。

有时,投资者专门拿出现金来进行股票投资,但在 1 年内找不到买入机会。这些现金,既是年初时拥有的现金,也是年中时拥有的现金,还是年末时拥有的现金。但它从来没有变换成股票。在这种情况下，计算时要不要将它排除在分母之外呢？

这要取决于你想测算什么。如果你想测算一个完全投资于股票组合的业绩，那应当排除在外。

但是，如果你想测算用于包括股票投资的所有管理资产的总回报率，则不应排除，把它加进来。为保持一致，还要将现金所得的利息加到分子上。

两种方法各有优点。将未投资的现金排除在外，使得基准更具可比性。毕竟，像标准普尔500之类的指数，从定义来说，是完全投资于股票的，没有现金。

但包含未投资的现金，也是合理的。这种做法体现了投资者寻找投资产品的能力。我们不希望欺骗自己，之所以没能找到合适的投资，是因为我们没有努力去将那些资金发挥用处。承认这种失望，可以激励我们日后更好地寻找投资机会。

我在加州大学洛杉矶分校读大一时，有一次遇到了分管学生宿舍的副院长。我与其交谈想为大二学年找间好点的宿舍，但没能成功。不过，和这位副院长的交谈很成功。

之所以说这次交谈很成功，是因为我们后来随意地聊到了别的东西，这位深思熟虑、接近退休年龄并且十分热情的副院长说出了下面这句极富哲理的话：

可以辨别的东西，也就能够管理。

我一听便知道这句话很有用处。自那以后的30多年里，我发现这一规则广泛适用。

它尤其适合投资领域。当我们正确测算投资业绩时，也就是在辨别它。没错，计算投资回报率，既让人激动，又让人觉得烦琐。但这不是副业，这是必要条件。如果我们想管理好我们的投资，就必须这么做。

> **总结**
> **正确地计算自己或他人的投资业绩，包括3个步骤：**
> 1.计算每年的回报率。
> 2.计算年均回报率。
> 3.将平均回报率与标准值进行对比。

第二部分
价值投资模型

第 5 章　了解企业

```
┌─────────────────────────────────┐
│ ┌─────────┐                     │
│ │ 我了解它吗? │                    │
│ └─────────┘                     │
│   产品                           │
│   客户                           │
│   行业                           │
│   形式                           │
│   地理位置                        │
│   状态                           │
└─────────────────────────────────┘
```

价值投资模型从一个根本的问题开始，那便是：我了解它吗？之所以要问这个问题，是因为我们意识到，股票就是企业所有权的一部分。因此，我们想要有针对性地了解企业。

而为了了解企业，我们要用一个更清晰的表述来描述它。我称之为说明性陈述（understanding statement）。要用人人都可以理解的语言把它写出来。这里是关于沃尔玛的说明性陈述：

该公司是世界上最大的零售商，通过大部分位于北美州的大型连锁店，向低收入消费者提供物有所值的商品，如食品杂货。

不管这些话是谁写的，我们可以肯定地说这个人不了解沃尔玛。有一套话术可以用来明确定义企业，它涉及6个参数。

第一个参数是产品（product）。公司到底是生产产品还是提供服务？这是第一个容易划分的区别。产品是有形的，服务是无形的。韩国的电子产品生产商三星电子（Samsung Electronics），出售的是产品；位于美国达拉斯的客运航空公司西南航空（Southwest Airlines），则出售服务。

没错，三星也出售延期保修合约，这是服务。而西南航空也出售饮料，这是产品。但是，它们的绝大部分营业收入分别来自产品和服务，其10-K报表清晰地表明了这一点。

另一个有益的区分是普通产品和差异化产品。普通产品的特点可以客观地写在纸上，而差异化产品就是除此之外的其他任何东西。

普通产品和差异化产品相当于一个包含所有产品在内的集合的两个极端。也就是说，差异化的程度有大有小。某个品牌越是重要，其产品的差异化就越大。

以总部位于美国匹兹堡的锌镍产品生产商马头控股公司（Horsehead Holdings）为例。锌是一种在制造业中可作为原材料的金属。它是一种普通产品，因为它完全可以从重量、形状和纯度等方面来定义。它所承载的马头品牌的名称并不重要。

相反，想一想全球奢侈品巨头路易威登集团（LVMH），这家位于法国巴黎的公司生产路易威登的皮箱和托马斯粉色衬衫。其产品更加差异化，涉及外观、感觉和联想。人们很难用理性的口吻来描述这些产品。

好的产品定义是狭窄的，没有必要的限制。对于沃尔玛来讲，诸如食品杂货等物有所值的产品，这个定义已经足够了。它体现了沃尔玛有多种类型的廉价产品，同时突出表明，食品杂货是其最大类别的产品。在其他情况下，产品的定义不那么明显。

想想总部位于美国犹他州的北极星太阳能光伏网（Vivint Solar Energy）。该公司为用户安装家用太阳能面板，并将太阳能系统租给房主，以降低整体的能源成本。其产品可称为住宅太阳能服务。

但如果全面地阅读这家公司的10-K报表，可以了解更多。北极星太阳能光伏网有一位副总裁分管资本市场，公司为其提供投资基金。这是什么意思？它是某种银行吗？

不，实际上，北极星太阳能光伏网确实提供一种金融产品。公司为用户安装的太阳能系统，并不是由公司直接拥有的，而是通过公司建立的合伙企业拥有的。北极星太阳能光伏网招揽一些具有盈利能力的美国实体来投资合伙企业。这种安排使得这些实体享有特别的政府信贷，被称为太阳能投资税收优惠，从而降低了这些实体的应税收入。没错，北极星太阳能光伏网的一种产品是住宅太阳能服务，但另一种产品是税收优惠（tax credits）。

为什么要大费周章地定义产品？因为之后，我们将花时间辨别公司的竞争威胁。如果美国国会某天通过了一部法案，诸如为地下停车场的投资提供税收优惠，那就可能减少北极星太阳能光伏网基金中可用来投资的金额。这就会构成一种威胁。但如果我们没能将税收优惠辨别为一种产品，我们会忽略这一威胁。

明明白白地思考。联合利华公司（Unilever）是一家欧洲的家用消费品生产商，产品包括多芬洗发水、家乐肥皂，以及立顿奶茶。把联合利华公司的产品定义为快速消费品，可能并没有错，许多人都这么定义。但如果定义为肥皂和食品，就更加清晰。

第二个参数是客户（customer）。客户购买公司的产品，那客户到底是指消费者还是组织？消费者是为自己或者家人购物的人，而组织则是指政府、机构和其他企业。

客户的定义越具体越好。想一想总部位于美国佛罗里达州的服装连锁企业 Chico's。如果说该连锁企业的客户群体主要是女性，这肯定是正确的表述。但假如更具体地指出，其客户是中等收入、年龄为 35 岁及以上的中年女性，会更好。如果对 Chico's 的 10-K 报表进行全面解读，就会找到这种细节，而且这些细节可以通过直接参观它的某家连锁店来验证。

对沃尔玛来讲，我们需要的客户定义是低收入消费者。这可以直接从该公司的 10-K 报表中找到，该报表将公共补助金引用为其经营业绩的驱动因素,这十分突出。比如,在拥有更多中端市场的塔吉特百货公司(Target)的10-K报表中,没有出现类似的表述。

客户不同于用户。例如,我使用雅虎网站,但从来没给雅虎付过一分钱。然而,在雅虎网站上做广告的广告商们,给该网站支付过许多费用。这些广告商是客户,客户是给公司付钱的人。

第三个参数是行业(industry)。这通常十分简单明了,沃尔玛所在的行业显然是零售业,但有时候也会有一些细微差别。

以总部位于纽约的雅芳(Avon)为例,该公司的业务涉及保健与美容。把雅芳所在的行业定义为化妆品行业,无疑是正确的。但这家公司还是世界上最大的直销组织之一。它也对外出售商业机会,以便其他企业作为雅芳的独立代表来销售化妆品。以这种方式,雅芳还处在多层次直销(multilevel marketing)行业之中。理解了这一点,人们便会把销售不同产品(如厨房用品)的其他多层次直销企业定义为雅芳的竞争对手。

第四个参数是形式(form)。形式是指企业的组织方式,既指法律上的,又指运营上的。

企业在法律上的形式通常不需要特别关注。在美国,许多上市企业是公司的形式。如果某家美国企业的名称以 incorporated、inc、company、co、corporation 或者 corp 结尾,那就是公司。同样,在英国,以 PLC 结尾的企业是股份有限公司;在德国,以 AG 结尾的企业是股份有限公司。

但有些时候,法律上的形式比较特殊。注意到这一点,可能有助于解释某家企业是做什么的。想一想总部位于芝加哥的从事经营与管理公寓的公司——公平住屋（Equity Residential）。该公司每年将大部分净收入作为分红派发给股东，比大多数美国上市企业派发的分红都多。为什么？

因为公司的形式。公平住屋是一家房地产投资信托公司。这种公司在达到以下标准时，可以享受特殊的税收优惠：第一，它的绝大部分收入必须来自房地产；第二，必须将应纳税收入的90%作为分红。因此，这家公司派发大量的分红，因为它不得不这样做。理解公平住屋的形式，是了解其分红派发政策的关键。

形式也指企业运营方面。一家公司可能是特许人（franchisor），比如总部在圣迭戈的餐馆Jack in the Box。也可能是加盟商（franchisee），如经营汉堡王的卡罗尔斯饭店集团公司（Carrols Restaurant Group）。

运营方面的形式还有其他不同类型。公司可能像雅芳一样，是多层次直销商。也可能是垂直整合的（vertically integrated），在其产业价值链（value chain）的许多节点上运行。

爱生雅集团（SCA）是以垂直整合形式运营公司的好例子，该公司是欧洲最大的林业公司。可以想象，它拥有林地和锯木厂，但它还拥有几个领先的纸尿裤品牌，这些纸尿裤是由它生产的吸水纸浆而制成的。在爱生雅运营形式的背景下，林业公司制作纸尿裤（一种通常由购买吸收性绒毛浆作为原料的独立公司进行的生产活动），是合情合理的。

沃尔玛也这样组成，通过子公司和合资企业来运营。但这很正常，这也是为什么沃尔玛的说明性陈述中丝毫没有提到公司的法律形式。不过，沃尔玛的说明性陈述隐含了其运营形式。它提到公司将产品推向消费者，这强调了公司高效的内部配送网络使其盈利水平不断地提高。

第五个参数是地理位置（geography）。地理位置描述公司的客户、业务、总部在什么地方，着重强调最有启发性的方面。例如，沃尔玛最有启发性的地理位置涉及它的连锁店所在位置，它们大部分在北美洲。

从地理位置方面也可以发现一些棘手的问题。想一想卷烟制造商菲利普·莫里斯国际公司（Philip Morris）。该公司的总部设在纽约，其股票在纽约证券交易所交易，但产品只在亚洲、非洲和其他美国以外的地方销售。这使它摆脱了美国对香烟销售和使用的限制，能在国外服务于更加自由的市场。由于卷烟是有损健康并容易上瘾的，鉴于这家公司的这种安排，可以窥探其道德标准。不管怎样，想要了解公司，就必须掌握该公司的地理位置情况。

有时候，棘手的问题还有税收。以医疗科技公司美敦力公司（Medtronic）为例。这家公司是在美国创办的，且在美国运营其业务。但公司在与规模较小的、总部设在都柏林（爱尔兰首都）的竞争者柯惠医疗（Covidien）合并后，其总部迁往爱尔兰。为什么？

因为爱尔兰的企业税率更低。一些人认为，这样以税收为驱动的组合，是各公司规避承担其原有国家义务的一种方式，被称为税收倒置（tax inversion）。但不管人们怎样认为，理解地理位置在税收方面的含义，是了解公司情况的一部分。

第六个参数是状态（status）。这个类别可谓包罗万象，用来了解公司的主要业务、生存历史、转型或者其他任何值得挑选出来的东西。

以美国知名连锁百货公司西尔斯控股（Sears Holdings）为例。该公司曾经是零售业的巨头，但在2016年时已无法赢利，营业收入锐减，并且开始关闭店面。西尔斯正走向衰落。这种状态参数为投资者注意到企业的这一特点提供了机会。

还有些时候，状态参数可以用来确定公司的规模。前面介绍过的沃尔玛的说明性陈述就称自己是世界上最大的零售商。为什么这一点很重要呢？

因为成功的大企业可以完成小企业无法做到的事情。大企业可以按优惠条件筹集资金、强力推出新的产品，并且可以消化新举措多年来造成的亏损。但这也有局限性。例如，它们难以做出有影响力的改变，容易成为活跃争取改善劳工条件和环保条件的人轻松攻击的对象。而且，它们的历史使得它们倾向于摆出防御姿态，这妨碍了其适应市场变化。

同样的道理，小企业也具备某些大企业不具备的优势。小企业可以去追求利基市场中的商机，这些商机对规模更大的竞争者来说可能太小了，根本不感兴趣。小企业可以严格保守新产品研发的秘密，而且足够敏捷，能够迅速满足新客户的需要。对沃尔玛这类的大企业来讲，这些事情很难做到。使用状态参数来提醒大家注意沃尔玛的规模，揭示了这家零售商一系列重要的优势与劣势。

大量的投资机会使得事情更加复杂。许多人退后一步，四处搜寻详尽无遗的说明，这些说明包含了太多的细节。要克制住这种冲动，采用直线思维。依照6个参数来定义企业，是清晰掌握企业情况的机会，抓住它！

聪明投资有一句格言是：买入你熟悉的东西。这在理论上是可靠的建议，但实际上常常过于局限。人们往往错误地以为，理解了6个参数中的某一个，也就理解了全部6个参数。他们认为，如果一个部分是有序的，那么整体是有序的。这种错误的想法，通常聚焦于产品。

对公司产品的熟悉是构建投资理念的根本，理应如此。从客户的视角掌握第一手资料，是进行分析的良好基础。但是，对产品的熟悉，并不等同于对整个企业的了解，这只是了解了企业的一个组成部分。它不能替代通过对6个参数的客观定义而提供的全面理解。

换句话讲，在撰写说明性陈述时，对产品的熟悉甚至可能成为一个陷阱。它可能伪装成对全局的了解，这是我们要警惕的4个陷阱中的第一个。

第二个陷阱是营销信息（marketing message）。营销信息也被称为标语，被用来激励客户，它们的用途是做广告。沃尔玛的营销信息是"为消费者省钱，让他们过得更好"。

营销信息是公司与外界交流的基本组成部分，它们有助于投资者定义公司的客户和产品。但我们应当把它们当作公司的宣传口号，绝不能不假思索地将它们插入说明性陈述之中。

第三个陷阱是使命宣言（mission statement）。使命宣言是公司面向内部的营销信息，突显了公司的目标与优势。它们是为了鼓舞员工、合伙人和投资者的。沃尔玛的使命宣言是"为消费者省钱，让他们过得更好"，这与公司的营销信息完全一致，没有丝毫掩饰。类似这样的交流同样重要，但它们并不是说明性陈述的现成模块。

第四个陷阱是抱负（aspirations）。有时候，公司渴望具备它们当前并不具备的特点。以业务主要位于北欧国家瑞典、挪威和芬兰的连锁五金商店克拉斯·奥尔森（Clas Ohlson）为例。这家公司清晰地表明，它的设计有些是以德国人为目标的，并且宣布了在德国北部汉堡市开设3家分店的计划。这样一来，我们应不应该把这家公司的地理位置描述成整个北欧地区，而不只是描述为斯堪的纳维亚半岛地区？

不应该。因为计划是变化的，业务的扩张也不会一帆风顺，将来的结果往往与计划大相径庭。我并不是想表达，一家公司如果清晰阐述其抱负，就一定是骗人或者错误的。我只是想表达，说明性陈述应当聚焦于公司现在的情况，而不是聚焦于它可能会发展成的模样。

有些公司由许多截然不同的部门组成。每个部门都相当于一个独立的公司，有自己的产品、客户、行业、形式、地理位置和状态。遇到这种情况，我选择做好两件事中的一件。如果某个部门的业务是整个公司的主要业务，我便把这个部门的 6 个参数定义为整个公司的。如果那些部门在公司中同等重要，我会为每个部门定义这 6 个参数。

有时候，我真的很难了解某家公司。它的组成形式看起来十分复杂，目标市场也不明确，或者产品令人费解。这种现象，可能是以下两种情况中的一种。

第一种情况是，这家公司对我来说确实难以了解。有可能要了解它就是这么困难，需要更多专业领域的知识，而我恰好缺乏这种专业知识。

第二种情况是，有人不希望我了解。也许有人故意混淆了某个有瑕疵的业务模式，希望潜在的股东把对业务模式的含糊当成一种天赋。

不论是哪一种情况，我都不会考虑买入这类公司的股票。某家无法了解的公司，不可能进入我的投资模型之中。

投资自己不了解的公司很危险，并不是说我们一定会亏损，我们也可能会赚钱。为什么？这是因为除非我们即将告别这个世界，否则这不会是我们最后一次交易股票。但是，这样做的危险在于，如果我们一次投资获得了成功，自然会驱使我们将来继续寻找类似的投资机会。而我们如果从来没有真正地了解公司的情况，便无从得知类似的机会是什么。倘若我们在不了解的公司中投资获得了收益，那就会以这样一种危险的方式来掩盖我们的无知。

在价值投资者之间流传的一个概念是能力圈（circle of competence），指人们能够理解的某些企业的范围，通常用来判断不能投资的企业。一些公司的产品科技含量很高，或者在那些规则模糊的发展中国家拓展业务，我们往往没有去分析，因为我们觉得它们在我们的能力圈之外。那么，这种做法明智吗？

　　也许是明智的。不过，想象一下，如果将你的能力圈限定在12岁，你能够理解当今这个世界的哪些事情？如视频游戏公司、巧克力制造商，也许还有迪士尼。又或者通用电器？

　　我们的能力圈自然会拓展。我们在某些领域中的专业技能会退化，但在另一些领域会发展。我们如果真的无法了解某家公司，可以把目光投向别处。假如这家公司正好拓展了我们的能力圈，或者让我们学会了一些新事物，那也应该充分利用这种机会。不论是否投资那家公司，我们都会发现，有些东西拓宽了我们的知识面，使我们将来可以运用这些知识。当前看起来似乎模糊不清的东西，日后说不定变得十分清晰。

　　我们很快将拥有更多的工具，这些工具有助于防止我们自欺欺人地以为，我们了解了实际上并不了解的公司。但是，如果你不得不了解一个新的主题，这并不意味着那个主题就超越了你的能力圈。即使那个主题确实在你的能力圈之外，也不意味着一定不会发生某些建设性的事情。毕竟，熟能生巧。

总结

按以下6个参数来定义企业：

1. 产品。

2. 客户。

3. 行业。

4. 形式。

5. 地理位置。

6. 状态。

不要被以下4个因素所误导：

1. 产品熟悉度。

2. 营销信息。

3. 使命宣言。

4. 抱负。

第 6 章 会计是一种语言

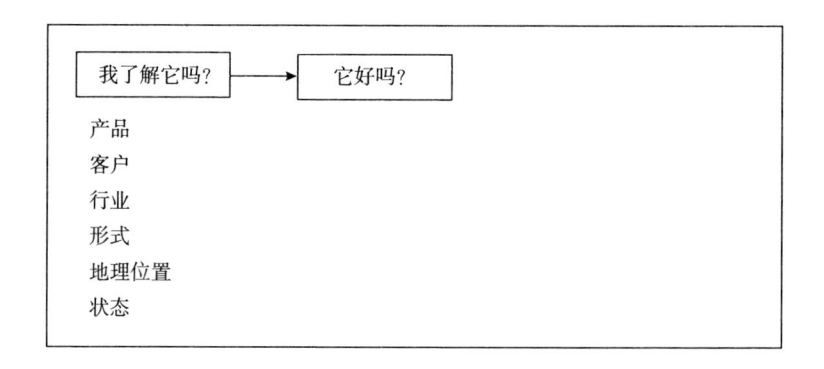

```
我了解它吗? ──▶ 它好吗?

产品
客户
行业
形式
地理位置
状态
```

模型中的第二个步骤提出了另一个根本问题:它好吗?换句话讲,这家企业的股票值得买入吗?

这个问题可分成 3 个子问题。一是,企业一直以来业绩优异吗?二是,如果业绩优异,它有没有可能将来仍然保持优异?三是,它对股东友好吗?

第一个子问题(企业一直以来业绩优异吗?)容易回答,因为我们可以拿到它的财务报表,报表上记录了企业一直以来的业绩,做得好不好,都有记录。

看懂财务报表,需要熟练掌握会计语言,这不难。相比之下,我认为做一顿意大利炖饭可能更难些。

即使是注册会计师也可能发现,从价值投资者的简化视角来细致观察财务报表,是有益之举。

财务报表是对企业的定量描述。重要的财务报表有3种:利润表(income statement)、现金流量表(cash flow statement)、资产负债表。

第一种财务报表是利润表(如图6-1所示),它用来描述一段时间内企业的情况,比如1年。这种报表有时被称为合并运营报表(consolidated statement of operations)、损益表(profit and loss statement,简写为P&L)。

```
  营业收入
 - 产品销售成本
 - 营业费用
 = 营业利润

 + 非营业利润
 = 息税前利润

 - 利息费用
 = 税前利润

 - 税费
 = 净利润
```

图6-1 利润表

注:用斜体字表示4项利润指标。

利润表首先报告营业收入，也是指销售收入。在美国以外的地方，有时候被称为营业额（turnover）。

然后，利润表报告产品销售成本（cost of goods sold）。这是企业在产生营业收入时发生的费用。

接下来，利润表报告营业费用（operating expenses）。它们是公司确认的成本，不论它销售的产品是什么。营业费用通常被称为销售、管理及行政费用（selling, general and administrative expenses，简写为SG&A）。在美国以外的地方，营业费用有时候用单独的两项来表示，一是销售费用（selling expenses），二是管理费用（administrative expenses）。

营业费用与产品销售成本是不同的，因为它不是由营业收入产生的。

最后，利润表测量利润（income）。如我们将看到的那样，测量利润的指标有很多，它们各不相同。但一般来讲，营业收入减去产品销售成本，再减去营业费用，就是利润。

第二种财务报表是现金流量表（如图6-2所示）。和利润表一样，现金流量表也描述一段时间内企业的情况。它测量现金流量，也就是流入或流出企业的现金的净流量。现金流量有时被称为净现金流量（net cash flow）。

现金流入量（inflow）是指流入企业的现金量，现金流出量（outflow）是指流出企业的现金量。流入量减去流出量，等于净现金流量。

现金流量表将现金流量分为3个类别。每个类别都有它自身

```
      经营活动现金流量
  +  投资活动现金流量
  +  筹资活动现金流量
  =  净现金流量
```

图6-2 现金流量表

的流入量、流出量和净现金流量。

第一个类别是经营活动现金流量（cash flow from operations）。这是企业开展业务所产生的现金流量。经营活动现金流量有时被称为经营现金流量，或者来自经营活动中的现金流量。

以一家饮料批发商为例。它从某家生产商那里以每瓶50美分的价格购买瓶装饮料，然后以每瓶1美元的价格卖给超市。那么，这家批发商的经营活动现金流量包括它从超市中获得的现金，支付给饮料生产商的现金，以及支付给负责收货、整理和发货的员工的现金。

第二个类别是投资活动现金流量（cash flow from investments）。它包括购买和销售持续使用多年的设备的现金流量。这些购买活动被称为资本支出（capital expenditure）。它们在现金流量表中作为现金流出量，以购买土地、厂房和设备列示。投资活动现金流量有时被称为来自投资活动中的现金流量。

再以这家饮料批发商为例。假如它支出50万美元现金购买一间仓库，那么投资活动现金流量将减少50万美元。假如它将一辆配送卡车以1万美元的价格出售，那么投资活动现金流量将增加 1 万美元。

第三个类别是筹资活动现金流量（cash flow from financing）。筹资活动现金流入量的例子包括公司从银行中贷款或者将自身出售一半给投资者以换取现金。如果公司向银行偿还贷款或者回购自己的股份，则是筹资活动现金流出量的例子。筹资活动现金流量有时被称为来自筹资活动中的现金流量。

现金流量表可以用直接法（direct method）或间接法（indirect method）来准备。这两种方法的差别仅仅体现在现金流量表的前 1/3 处，即经营活动现金流量。

直接法更简单。采用这种方法，经营活动现金流量这个板块首先从经营活动现金流入量开始，接着记录经营活动现金流出量，最后记录经营活动净现金流量。

根据间接法，经营活动现金流量这个板块首先从利润表中的净利润那一行开始，然后加上和减去各种因素，以得出经营活动的净现金流量。这令人费解，不过大多数上市公司使用间接法。

现金流量表与利润表之间的主要区别是，现金流量表使用会计中的收付实现制（cash basis），而利润表使用会计中的权责发生制（accrual basis）。

收付实现制笨拙一些。它好比一扇十字转门，只观察公司的现金流入和流出。它所做的唯一聪明的事情就是把资金分成了 3 类。

权责发生制聪明一些。它好比一个看门人，会做出判断。比如：根据发来的存货，决定将多少营业收入记账；根据存货的购买价格,决定发生了多少产品销售成本;根据员工的工作时长,决定确认多少营业费用;等等。这些事情都可以用权责发生制来决定。

利润表和现金流量表都关注企业在一段时间内的情况。它们好比电影。

第三种财务报表是资产负债表(如图 6-3 所示)。它关注企业在某个单一时间点上的情况。它不像是电影,而像是快照。

```
资产    =    负债
             + 所有者权益
```

图 6-3 资产负债表

资产负债表显示企业拥有什么、欠下什么,以及两者之间的差额。

企业拥有的被称为资产(assets)。企业欠下的被称为负债(liabilities)。两者之间的差额被称为所有者权益(equity)。如果公司的负债超过资产,它便拥有负的所有者权益。

资产负债表的第一个板块是资产。资产是指企业控制的、发现有价值的及买入的东西。资产有两种:流动资产(current assets)和非流动资产(noncurrent assets)。现金是流动资产,任何可以在 1 年之内使用的资产,都是流动资产。

再来考虑那家饮料批发商。它从生产商那里购买的,但是尚未发货给超市的瓶装饮料,都是流动资产。特别是,这些瓶装饮料是被称为存货（inventory）的流动资产。存货也被称为库存（stock-in-trade）。

非流动资产一般使用 1 年以上。饮料批发商拥有的运货卡车就是一种非流动资产。

假设这家批发商用 3 万美元现金购买了一辆新卡车。在现金流量表上，投资活动现金流量减少了 3 万美元，净现金流量减少了 3 万美元。在资产负债表上，流动资产减少了 3 万美元，非流动资产增加了 3 万美元。

假设这辆卡车将连续使用 3 年，3 年过后，它将变得分文不值。换句话讲，批发商每年将"使用"卡车价格的 1/3。这怎么来解释呢？

这样的话，在这家批发商的资产负债表上，卡车的账面价值（book value）每年将减少 1 万美元。通过在利润表上确认 1 万美元营业费用的方式来减少账面价值。这种通过在利润表上确认一笔费用来减少非流动资产账面价值的过程被称为折旧（depreciation）。

如果非流动资产是无形的，同样的这个过程被称为摊销（amortization）。无形非流动资产的例子有专利与商标。

如果一种有形非流动资产不会随着时间的推移而减值，那它就不需要折旧。土地是不需要折旧的有形非流动资产的最佳例子。

非流动资产的购买，与资本支出是相同的。

有时候，企业购买一种能持续使用数年的资产，却没有对其资本化（capitalize）。也就是说，在购买的时候，企业已经在利润表上将该资产的全价作为营业费用确认了。当资产的价格很低时，这种情况就会发生。例如，一个8美元的转笔刀可以持续使用数年，但由于8美元的数额太小，企业将立即确认费用。换句话讲，这笔花销并不重要。

我们还可以用另一种方式来思考，那便是：因为转笔刀没能通过重要性检查，所以它一下子就折旧了。

资产负债表的第二个板块是负债。从银行中借贷的资金是负债，因为这些资金必须偿还。如果饮料批发商从生产商那里收到了一批瓶装饮料，但还没有支付货款，那么批发商欠生产商的钱也是负债。具体来讲，这类负债被称为应付账款（account payable）。

资产负债表的第三个板块是所有者权益。所有者权益有时候被称为股东权益（shareholders' equity）、净资产（net assets）、账面价值。股权等于资产减去负债。

在资产、负债、所有者权益之后，资产负债表上最后一行内容被称为负债与所有者权益（liabilities and equity）。这一行并没有提供新的信息，只是证明负债加上所有者权益等于资产。有时候，这一行内容被称为总负债和股东权益（total liabilities and shareholders' equity）。

再以无形资产（intangible assets）为例。除了专利和商标，还有一种被称为商誉（goodwill）的无形资产。

商誉容易理解。假设B公司的资产负债表上的所有者权益为

100万美元。A公司以150万美元现金收购B公司。在收购之后，A公司立即在其资产负债表上增加了50万美元商誉。也就是说，商誉等于超出所有者权益的收购价格。

资产负债表上各个板块的顺序各不相同。在美国，负债在所有者权益之前。在其他国家和地区，也有倒过来的情况，但资产负债表及其各板块的实质内容都是相同的。

一般来讲，如果企业在利润表上报出了正利润，说明它在赚钱。假如这部分利润留存下来了，也就是说，没有被当成分红派发，那么所有者权益的数额就会增加。依然保存在企业中的利润被称为留存收益（retained earnings）。

在美国，财务报表是依照《美国通用会计准则》（U. S. Generally Accepted Accounting Principles，简写为US GAAP）来准备的。这些原则是一系列指导方针。在世界上许多地方，财务报表依照《国际财务报告准则》（International Financial Reporting Standards，简写为IFRS）来准备。这种差异不会阻碍价值投资者，但两者之间存在一些差异。

例如，利息支出（interest payment）是现金流出量的一种。根据《美国通用会计准则》，现金流量表上的利息支出，计入经营活动现金流量。但根据《国际财务报告准则》，利息支出要么计入经营活动现金流量，要么计入筹资活动现金流量。我们随后将介绍，这一差别实际上很重要。不过，和《美国通用会计准则》与《国际财务报告准则》之间的其他差别一样，这种差别还是可以掌控的。

利息支出的例子暴露了一个奇怪的现象。什么是利息支出？它是为贷款而支付的费用。有时候付给银行，有时候付给债券持有人。不管付给谁，它都支付给了向公司提供贷款的实体。

当然，贷款是公司资本结构（capital structure）的一部分，也是企业财务基础的一部分。企业做出了融资决策，就会发生利息支出。因此，这感觉像是筹资活动现金流出量。毕竟它是一种现金流出，而且仅仅由于融资而发生。那么，为什么根据《美国通用会计准则》，利息支出又归入经营活动现金流出量呢？

这个问题，没有一个很好的答案。有时，公司推迟支付账单，供货商可能因此追加罚息。这些费用也许让人觉得是真正的经营活动现金流出量，因为它们最初源于正常的购买。但是，和未偿还债务的利息支出相比，这种罚息通常只是很小的一部分。那么，为什么《美国通用会计准则》有这样一条规则呢？为了弄明白，参考一个类比。

在英语中，形容词是放在名词之前的。如果你想拜访你在英格兰的一位朋友，他居住在一所白色的房子中，你在问路的时候可能告诉指路人：" 我要找一所白房子。" 但如果你的朋友住在西班牙，你得做完全相反的事情：在问路的时候把形容词放在名词的后面。你可能在寻找 casa blanca（在西班牙语中是 " 房子，白色的 " 之意）。

难道西班牙语错了吗？

不，当然没错。这只是一种语法规则，这是一种准则。换句话讲，如果有人说西班牙语违反了神圣的沟通法则，那是毫无道理的。

会计学同样如此。无论是美国的还是国际的准则，都是一系列的准则。会计学令人感到挫败的原因，很大程度上是人们要求它遵从某种记账真理，但这种所谓的记账真理，并不存在。

当然，会计也不是无一定之规的。例如，折旧确实反映了这样一个事实：某件物品随着时间的推移，真的会磨损、变旧。但会计学并不是人类测量商业活动的无懈可击的解决方案。它只是人们一致认同、用数字描述商业活动的一系列准则。

这个答案也许不会令人满意。会计学应当比看上去完全空洞的科学更具指令性。但是，正如在马德里街头向路人询问 blanca casa 可能让人如堕五里雾中，坚持让会计语言与某些更强大的逻辑相一致，也可能毫无必要地束缚了人们。

算了吧。接受会计学是一种古怪的语言的事实，并且把精力投入价值投资中那些更有意思的事情上。

> **总结**
> **价值投资者必须熟练掌握的3种财务报表：**
> 1.利润表。
> 2.现金流量表。
> 3.资产负债表。

案例研究

领英公司

领英（LinkedIn）是一个以职业为导向的社交网络，总部位于旧金山附近。2011年，领英首次公开上市，其2015年度的10-K报表[①]是一份具有代表性的复杂财务报表。仔细查看它的利润表、现金流量表和资产负债表，可以看出一些重要的会计学概念如何体现在其报表上。

领英的利润表，被称为合并利润表，这是利润表的常见同义词。合并，意味着它包含了领英所有子公司的经营成果。

利润表的第一行是净营业收入（net revenue），它与营业收入或营业额是同一回事。2015年，领英的净营业收入为2 990 911 000美元。

当然，在这份利润表中，净营业收入的数字是2 990 911。但在利润表的标题下方注明了，所有数字的单位都以千计算。因此，我们在后面添加了3个0。

净收入中的"净"意味着两件事。第一，它扣除了销售税，因为那些税款被迅速转交给了政府机构，只在公司里过了一下，好比旅行者在机场换乘飞机那样。第二，它估算了公司将来可能支出的退款额度。

产品销售成本也使用了一个同义词：营收成本（不包括折旧和摊销）。为什么要在括号里做出说明？毕竟，折旧和摊销通常是营业费用的一部分，但它们通常不出现在产品销售成本之中。

报表中经常出现这样的限定语，接受它们吧，它们不会影响我们阅读。不管怎样，领英公司2015年的产品销售成本是418 858 000美元。

① 请登录这个网址查询：http://www.goodstockscheap.com/6.1.htm。

营业费用的表述不是十分清晰。它被分成了4项费用：销售与市场营销（sales and marketing）、产品研发（product development）、管理及行政（general and administrative）、折旧与摊销（depreciation and amortization）。仅从它们的名字就可以看出，这些是营业费用，不是产品销售成本。它们是无论在哪个时间段内销售产品都会发生的费用。2015年，这些费用总计达2 722 995 000美元。

没有在一行中清晰地显示公司营业费用的数额，并不是一件令人震惊的事。财务报表从来都不像预期的那样精确。异常是常态。处理这些异常，就跟看到这些异常一样容易。

从净营业收入中减去产品销售成本和营业费用，得到（150 942 000美元）。圆括号意味着负数。这是第一个测量利润的指标——营业利润（operating income）。领英称之为营业中的利润（亏损），一个与营业费用相比容易辨别的术语。它是用2 990 911 000减去418 858 000再减去2 722 995 000得出的。

接下来，利润表有时候还会出现一行，被称为非营业利润（non-operating income）。这是指企业的非核心活动产生的利润或亏损，如外汇交易。营业利润加上非营业利润，产生了第二个利润指标——息税前利润（earnings before interest and taxes，简写为EBIT）。

领英恰好没有在一行中清晰地记录非营业利润。但利润表中有一个板块为"其他净收入（支出）"[other income（expense），net]，这个板块包含3行。其中的两行，我认为像是非营业利润。一是利息收入（interest income），为10 571 000美元。二是其他净收入（other，net），为（23 477 000美元）。因此，领英的息税前利润等于（163 848 000美元），等于（150 942 000美元）

加上10 571 000美元，再加上（23 477 000美元）。

这个板块中还有一行是利息费用（interest expense）。2015年，这一数额为（50 882 000美元）。从息税前利润中减去利息费用，得到第三个利润指标——税前利润（earnings before taxes）。它是（163 848 000美元）和（50 882 000美元）之和，等于（214 730 000美元）。

利润表上支出板块的最后一行是：税费（taxes）。领英称之为备付所得税（利润）[provision（benefit）for income taxes]。2015年，其数额为（49 969 000美元），这是一笔负支出。

换句话讲，公司2015年度确认了某种税收优惠。用税前利润减去这个数额，得到了最后一项利润指标：净利润。领英称之为归属于普通股股东的净利润（亏损）[net income（loss）attributable to common stockholders]。2015年，这一数额是（164 761 000美元），也就是说，公司亏损了164 761 000美元。

现金流量表同样也是可掌控的。领英称之为合并现金流量表（consolidated statements of cash flows）。

首先要注意到，该表是用间接法准备的。这在整个报表的第一个板块经营活动的构成中可以看出。它首先从净利润开始，然后做出一系列的调整，得出经营活动提供的净现金流量（net cash provided by operating activities），也就是经营活动净现金流量。2015年，这一数额是806 975 000美元。

现金流量表的第二个板块是投资活动，第一行是购买土地和设备（purchases of property and equipment）。这与资本支出是一回事儿。2015年，领英的资本支出是（507 246 000美元）。要再次注意这里的圆括号，它意味着负数。由于这一行涉及购买，这是不是一种双重否定呢？是不是意味着公司还

第6章 会计是一种语言　　065

得到了 507 246 000 美元？

不是。这表明了会计学中的一个奇怪的惯例：一个已经被理解为资金流出或成本的板块，用负数来表现。完全相反的情况也会出现，即不带圆括号的流出或成本的板块，而且也无须解释。这似乎不存在统一的标准。但正如前面说过的，掌控这种不一致性，就像预测它会出现一样简单。

第二个板块的最后一行是投资活动中使用的净现金量（net cash used in investing activities），它与投资活动净现金流量（net cash flow from investing activities）是相同的概念。2015 年，这一数额是（792 077 000 美元）。换句话讲，2015 年，领英从投资活动中产生了 792 077 000 美元的现金流出量。

资产负债表中的资产，领英称之为总资产（total assets），等于 7 011 199 000 美元。接下来是负债。领英称之为总负债（total liabilities），为 2 515 746 000 美元。因此，我们可以预计，所有者权益将是 4 495 453 000 美元，因为它等于资产减去负债。但股东权益总额（total stockholders' equity）那一行给出的数字却小一些，是 4 468 643 000 美元。这是为什么呢？

嗯，资产负债表上的数字与我们预测的数字之间相差了（26 810 000 美元）。资产负债表上出现的和这个数字相同的一项被称为可赎回非控制性权益（redeemable non-controlling interest）。这是什么？

10-K 报表上并没有说明，但它不必说明。人们只需要注意到，那个数字减少了所有者权益。

如我们以后会看到的那样，所有者权益是好东西。所有者权益越大，公司看起来就越好。但敏锐的投资者认为潜在的投资应保守。仅凭这条原则，较小的股权数字 4 468 643 000 美元就更加有益。

原来，可赎回非控制性权益是在上一年度的 10-K 报表中讨论的。这是领英在中国业务的一部分，由一位少数合伙人拥有。领英的股东不具备这部分权益的所有权。

领英的财务报表不容易读懂。它们需要解释、计算和假设。

但是，所有的财务报表都是较难读懂的。各公司会以不同的方式介绍自己。即使是在同一个国家、同一个行业以及同一个年度，也会有许多差异。期待它们，欢迎它们，因为熟练地掌握会计知识就必须经历这些艰难的考验。随着我们渐渐能读懂每一份财务报表，我们的能力也提升了。

第 7 章 已动用资本

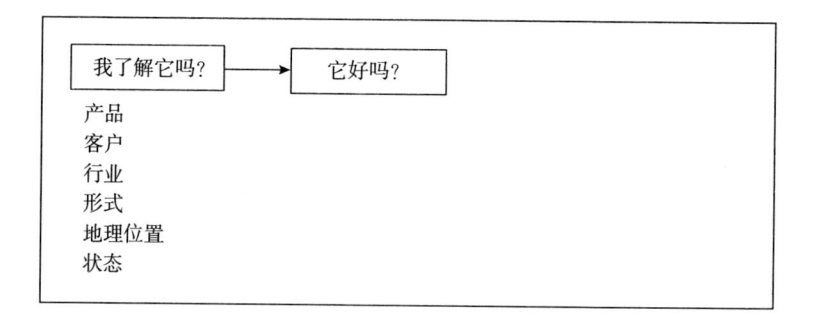

```
我了解它吗? ──→ 它好吗?
产品
客户
行业
形式
地理位置
状态
```

熟练运用会计知识能让财务报表"说话"。尤其是,可以让它们"说"出 6 个关键数据,这些关键数据可以用来计算业绩指标(performance metrics)。业绩指标清楚地说明企业过去的经营业绩是否优异。

第一个关键数据是已动用资本(capital employed)。已动用资本是公司必须具备的财务基础,它是公司为维持经营必须准备好的资源。

我曾多次从美国加州帕洛阿托市开车南下,回到圣塔芭芭拉市，大概有 50 次了。每次开车到达某个地方，我都不禁想：到底从哪里开始就属于南加州了？

南北加州没有分界线。它们只是同一个州里定义不是特别清楚的两个部分而已。因此，到底从哪里开始算是南加州，有着不同的说法。

有些人说是圣路易斯-奥比斯波市，因为从那里开始，农田的气味变成海洋的气味。另一些人说是圣塔芭芭拉市，因为在这里，沙滩排球变得比山地骑行更受欢迎。有些观点极端的人甚至说，帕洛阿托市实际上就属于南加州了，因为从那里北上到俄勒冈州的边界，还有 640 公里之遥。定义总是主观的，但对每个人来说又如此明显。

已动用资本就好比南北加州分界线的定义。每一位价值投资者都有一个主观的定义，并且坚定地坚持着。但是，一种特定的解释不如人们正在考虑它的事实重要。几乎没有哪位股票投资者听说过已动用资本。估算已动用资本，将开启一个分析过程，这个分析过程具有明显优势。

首先从总资产开始，然后减去过剩现金（excess cash）和无息流动负债（non-interest-bearing current liabilities），得出已动用资本。这些数字来自资产负债表。

假如创办一家自行车租赁公司，其业务很简单：出租一辆自行车。假设自行车的成本是 1 000 美元，而且没有其他的创办成本。于是，必须投资在企业中的资本数额便是 1 000 美元。只要买下了自行车，出租业务就开始了。

那 1 000 美元必须留在公司中。如果 1 000 美元（现在已经体现为自行车）消失了，那么租赁就停止了，再没有什么可供出租的了。因此，这 1 000 美元就是租赁公司一开始的已动用资本。

请注意，融资的类型在这里并不重要。它可以是债务，也可以是股权。如果公司借来 1 000 美元，已动用资本是 1 000 美元。如果公司通过出售自身的新股而筹集了 1 000 美元，已动用资本还是 1 000 美元。已动用资本与融资的类型无关。

现在，假设 1 000 美元并不是最初筹集的资本数额。相反，最初筹集的资本是 1 500 美元，其他都一样。自行车是用 1 000 美元购买的，租金也与之前的例子完全相同。多出来的 500 美元仍然在那里。

那么，这 500 美元是过剩的。它不一定留在公司中，因此不是已动用资本的一部分。它是资产，但未被动用。理想的计算方法是，应当减去这 500 美元。

问题在于，发现过剩现金是件很难的事。想象一下，你收到了自行车租赁公司的资产负债表。这 500 美元会不会作为过剩现金而登记呢？也许会，假如会计人员认为所有现金都是过剩现金的话。人们可能推断，如果现金是真正需要的，那么它可能早已被用来购买某些物品了。

但人们怎样确认那 500 美元明天是否需要使用呢？如果自行车的一只轮胎爆胎了，怎么办？

问题变得复杂了。想象那 500 美元没有留在公司，而是被用来购买了一台离心机。也就是说，购买了某样与自行车租赁业务完全无关的东西。离心机似乎也和闲置现金一样，是过剩的。也许人们真正应该扣除的不仅是过剩现金，而是所有过剩的资产。但是，我们很难通过资产负债表确定哪些资产是不必要的。

将这个问题升级到一家大型上市公司的层面，我们很容易发现这种计算方法有多么不精确。一家企业真正需要多少现金？

有一种受欢迎的答案是假定需要的现金数额就是营业收入的某个固定百分比。每一个支持这种方法的人似乎都有自己最喜欢的百分比，并且把这个百分比适用于所有类型的企业，例如5%。根据这一逻辑，一家年营业收入为10亿美元、现金余额为1亿美元的公司，将有5 000万美元的过剩现金。

这太荒唐了。这是人们极度渴望固定公式的一个例子。

但是，不同的企业，情况各不相同。公司手头需要多少现金，取决于公司的商业模式、客户付款的速度，以及需要多快向供货商支付货款。假如每次都运用相同的百分比，就好比不管午餐吃的是什么，米饭也好，面条也罢，总是用勺子来吃。

我并不是说这种情况有一个完美的解决方案。但是，在缺乏任何特定指导的情况下，可采用的一种方法是计算两个版本的已动用资本：一种方法是把所有现金都扣除，另一种方法则完全相反，把所有现金都算进来。在后面讲到计算业绩指标时，我们将清楚地发现这两种版本的计算方法有多么实用。

我计算已动用资本的公式也需要减去无息流动负债。这些包括应付账款、递延收益（deferred income）和应计费用（accrued expense）。这些数目经常会在资产负债表上清楚地显示出来。

应付账款是欠供货商的钱。递延收益是指向客户收取了预付款但尚未给客户发货的钱。应计费用是需要定期支付但尚未支付的钱，比如工资。请注意，这些都是将要很快结清的债务。它们最好不要留下，因为它们本来就不该被搁置。

为什么是无息流动负债呢？为了在计算已动用资本时保留财务负债。当一家公司借贷时，贷款期限通常超过1年。在资产负债表上，这些贷款被归类为非流动负债（noncurrent liabilities），有时候被称为长期负债（long-term liabilities）。就这一点而论，这些债务最终要被算入已动用资本。

随着这些负债即将到期，它们将进入流动负债（current liabilities）的板块。此时，负债的根本性质没有改变，只是时间的流逝迫使它们进入另一个类别。现在，它们必须很快偿还了。此外，由于它们是贷款，公司还要支付利息。因此，无息的规定清楚地表明，它们属于已动用资本。

有些投资者不但从总资产中减去过剩现金和无息流动负债，而且还会减去商誉。回想一下，当某家公司进行收购时，它支出的价格超过所有者权益的部分就是商誉。这是已动用资本中的一部分吗？

要看情况。以位于旧金山附近的网络设备公司思科系统公司（Cisco Systems）为例。这家公司于2013年之前完成了7场收购，2013年完成了13场收购，2014年完成了8场收购。收购显然是公司业务的一部分。

2014年，思科系统公司的商誉增加了23亿美元，到年底时，商誉几乎占到总资产的1/4。很明显，用以支持资本支出而筹集到的资金，属于已动用资本。也许商誉也一样。

聪明的投资者在确定是否扣除商誉时会做出判断。对我来讲，关键问题是商誉是不是经常性增加。公司越是频繁地展开收购，就越少扣除商誉，这是合理的。我常常把商誉计算在内。

我计算已动用资本的公式背后遵循一个观点：企业中的所有资产，都得在企业之中，除非能做出相反的证明。我首先从一个大数额开始（总资产），然后有选择地一点点减少。只有那些肯定不需要的项目，才会被减去。

有时候，当公司有一些并未体现在资产负债表上的负债时，计算已动用资本也需要增加这些项目。它们是真正的债务，但未被会计识别。

再想一想那家自行车租赁公司的例子。假设它的1 000美元创办资本全部是贷款得来的。那么，这些都是负债，全都用于购买自行车。在第一天，公司的银行账户是空的，自行车随时准备出租，而已动用资本是1 000美元。

现在，想象一个不同的开始。设想这家公司不是购买而是租借自行车，不需要筹集资金（既无须负债，也不用以其他方式融资）。因此创办这家公司，不需要这1 000美元资金。相反，公司还从自行车的拥有者（一家出租公司）那里拿到了租借自行车的合同，租期为10年。每年年底，这家自行车租赁公司取出一部分从客户手中收到的租金，用以偿还出租公司的租金，租金数额由两家公司事先确定。如此一来，在第一天，自行车租赁公司的银行账户是空的，自行车随时准备出租，已动用资本是 0 美元。

在这两种情况下，企业都承担了债务。但只有在第一种情况下，即欠下 1 000 美元贷款的情况，这种债务才被认定为已动用资本。在第二种情况下，起初看起来，这家自行车租赁公司不需要任何的财务基础。一种调整可以修正这种错误表述。

会计中有两种类型的租赁。一种被称为经营租赁（operating lease）。这就是我们的自行车租赁公司的例子。租期届满时，租赁费用在利润表上予以确认。在支付租赁费用时，经营活动现金流出量在现金流量表上予以确认。但仅此而已。资产负债表上没有任何显示。出于这一原因，可以说经营租赁是在资产负债表之外。

另一种租赁被称为资本租赁（capital lease）。从公司报表来看，公司已经购买了设备，并且是用借贷的资金购买的。那么，这些资金体现在资产负债表上。它把租赁看作一种债务，就像欠贷款人的钱一样真实。

资本租赁将租来的设备"拖"到了资产负债表上。它增加了企业的负债，但同时也增加了同等数量的资产。这迫使我们将租来的设备计入已动用资本，因为这些设备现在已经是总资产的一部分了。

《美国通用会计准则》明确了如何划分经营租赁或资本租赁。如果承租人承担了所拥有设备的大部分风险，并且享受了大部分利润，那么就是资本租赁。特别是，如果符合下面 4 个条件中的 1 个，就属于资本租赁：在租期届满时，所有权转移给承租人；承租人可以选择以低价购买承租的设备；租期至少相当于出租设备预计使用寿命的 3/4；最低租赁付款的折现值（present value）至少为设备公允价值（fair value）的 9/10。

只要符合这 4 个条件中的 1 个，那么设备最终会被算成已动用资本。

尽管《国际财务报告准则》没有提供严格的标准，但也表达了大致相同的意思。该准则指出，如果基本上全部的风险以及所有权的回报都归于承租人，那就是资本租赁。在美国以外适用《国际财务报告准则》的许多国家，资本租赁也被称为融资租赁（finance lease）。

当会计准则（accounting standards）认为是经营租赁，但投资者认为是资本租赁时，挑战出现了。解决的办法是通过经营租赁资本化（capitalizing the operating lease）来向上调整已动用资本。

经营租赁资本化好比你自己动手榨橙汁。你得做大量的工作，才能获得你想要的东西。但这是一项值得熟练掌握的技能。许多优秀的投资者坚持认为，所有的经营租赁都应当资本化。绝不能仅仅由于执行起来十分棘手，就害怕去做。我们很快就将揭示其中的奥秘。但是，首先很有必要去复习一个前面提到的术语——折现值。

对于一家负债的公司来讲，1 年前欠下的 1 美元，价值比今天欠下（明天就要归还）的 1 美元更高。我们可以从两个角度来观察。首先，1 年前欠下的 1 美元，你可以用于投资，并且投资 1 年时间，而今天刚欠下的 1 美元，则没有投资收益。哪怕我们只是把 1 美元存入银行，也能得到些许利息。

其次，通货膨胀的作用，使得偿还 1 年前的 1 美元比马上就要偿还的 1 美元更不值钱。它的购买力会随着时间的推移而降低，正如我在 1979 年以 1.25 美元的价格买 1 个巴尔博亚冰激凌那样。欠下的债务越是到后来去偿还，越是会少几分痛苦。

这两个事实是理解折现值的基础。未来一笔负债的折现值，就是以一定比率折算后的价值。这是一个定量的估计。

例如，如果折现率（discount rate）为 10%，那么准备从现在算起的 1 年后支付的 100 美元，其折现值为 90.91 美元。这从电子表格上很容易看出来。微软的 Excel、谷歌表格以及 Apache Open Office 办公软件都有一个内置的 NPV 函数。把 100 美元的名义本金以及 10% 的折现率输入到 NPV 函数中，便得出 90.91 美元的折现值。

那么，10% 的折现率从何而来？没什么特别的。在经营租赁资本化的背景下，这个比率相当于公司可以借钱购买设备的利率。如我们将会看到的那样，10-K 报表为这种估算提供了有益的线索，但也仅仅是估算。

计算准确的折现率，是一个很麻烦的问题。这是精确伪装成准确的一个好例子。

我更喜欢简单直接的方式，放弃任何对确定性的幻想。稍稍跳到未来，如果某个投资机会以一种折现率折现之后看上去很不错，但以100个基点之外的另一种折现率折现之后看起来很糟糕，那么它就不是一个太好的投资机会。非常值得买入的机会，不管采用什么样的假设，总是看起来十分不错。

折现值在经营租赁资本化中很重要，因为它决定着将某笔负债以及相应资产的多少份额添加到资产负债表上。

经营租赁资本化时，3种财务报表都发生了变化。具体来讲，发生了6件事情。如果人们记得这里的关键是假设租出去的设备是租来的，而不是用借来的钱购买的，那么这6件事情中的每一件都是合理的。

第一，租赁费用添加到利润表上；第二，租金支付添加到现金流量表上；第三，负债和与之相当的资产一样，都添加到资产负债表上；第四，利息在利润表上费用化；第五，支付的利息在现金流量表上作为流出的现金；第六，租赁的资产在利润表上折旧。

这6件事情，也可以视为6个步骤。画出这6个步骤的草图，有助于人们意识到经营租赁资本化到底是什么意思。在后文中，我会详细介绍每一个步骤。但现在请注意，最初与已动用资本相关联的唯一的步骤是第三步，也就是使资产负债表膨胀到真实规模的那个步骤。

添加到资产负债表的负债额度以及相应的资产额度，是未来租赁费用的折现值。计算这个折现值，需要提供两个条件：一是未来的租赁费用，二是折现率。

在 10-K 报表中，未来的租赁费用出现在紧随财务报表之后的一张表格中。搜索"不可撤销的"（non-cancelable）或者"租金支付"（lease payments）。该表列出了未来 5 年中每年安排的租赁费用，再加上第六个数额（从第六年到租约到期年份的所有租赁费用的总和）。要在过去几年中分配这第六个数额，人们必须做出粗略的估计。

折现率是公司贷款时支出的比率。10-K 报表通常揭示了公司最近的负债成本，用利率表示。这就是要用的百分比。搜索长期负债、利率或者优先票据这些术语。折现率越高，折现值越低。

经营租赁资本化背后的逻辑在于，它把设备拥有者既看作供应商，又看作贷款人。设备拥有者是供应商，因为他提供设备；但他也是贷款人，因为他代表企业借钱购买设备。换句话说，资本租赁是从租赁公司中显露出来的。

大公司租赁不同类型的资产，设备是其中的一种。例如，航空公司通常会租赁飞机，进行经营租赁。房地产是另一种。零售商与房东合作设计一些几乎不允许计入经营租赁的合同，是司空见惯的事情。不论是哪种资产，经营租赁都可能掩盖了公司全部负债范围。

除了经营租赁资本化，人们还可以采用其他算法更好地计算已动用资本。例如，人们会通过调整无资金支持的养老金计划，以进一步优化资产负债表。但是，有时候会出现这样一种情况：进一步对成本进行分析，也许比做出更好的决策更重要。随着经验的不断累积，我们将更容易且更精准地辨别这种情况。

已动用资本只是将公司财务状况概念化的一种方式。另一种方式是投入资本（invested capital）。根据某些公式，它相当于已动用资本，但是其背后的逻辑是不同的。

投入资本是公司各方期望获得投资回报而投资的资金总额。股东希望获得回报，债券持有人也一样，但供应商不会（和那些只想获得报酬的房东一样）。供应商除了拿回他们的货款，不指望从公司里获得利息、分红、增值或者其他任何好处。他们不会像股东和债券持有人那样，把自己想象成公司的投资者。

"投入资本体现公司财务状况"的理念建议采用不同的方法。它建议将期望从投资中获得回报的各方贡献的所有资本全部加起来，也就是股权加上金融负债。

但是，和计算已动用资本的减法相比，这种加法可能少了一个好处。首先列出总资产，然后只减去那些明显会降低我们低估公司所必须的财务基础的可能性的项目。如我们将看到的那样，当我们开始计算指标时，这减小了人们以为在只有玻璃的地方发现钻石的风险。

> **总结**
> 1. 已动用资本是一个衡量公司所需要财务基础的指标。
> 2. 已动用资本是总资产减去过剩现金,再减去无息流动负债,可能还要减去商誉。
> 3. 总资产可能包括资本化的经营租赁。
> 4. 经营租赁资本化导致3种财务报表都发生变化。
> 5. 考虑公司所需要的财务基础,比完美地计算公司的财务状况更重要。

案例研究

盖璞服饰

盖璞服饰(GAP)是美国一家连锁服装店,其2015年度的10-K报表[①]在估算已动用资本时存在一些具有代表性的挑战。

在资产负债表中,要找到的第一个数据是总资产。2016年1月30日,也就是2015财年的最后一天,盖璞服饰的总资产是7 473 000 000美元。

第二个要辨别的数据是现金。盖璞服饰的资产负债表使用了一个常用的同义词:现金及现金等价物(cash and cash equivalents)。现金等价物是指可以在3个月内变现的高质量证券,例如美国政府的短期国债。就我们的目的而言,它们和现金一样好。不管怎样,盖璞服饰在2015财年结束时拥有的现金总额为1 370 000 000美元。

这些现金有多少是过剩的?超过10亿美元,

① 请登录这个网址查询: http://www.goodstockscheap.com/7.1.htm。

听起来像是很多。但和平常一样，这很难分清。因此，之后这个数字将用于计算两个版本的已动用资本：其中一个版本减去所有现金，另一个版本保留所有现金。

下一步是查看流动债务板块，看看哪些应当减去。这个板块包括4行，第一行是即将到期负债（current maturities of debt）。到期和负债这两个词都暗示，这是一种有息负债（interest-bearing liability）。接下来，过去和现在一样，这些负债是公司资本结构的一部分。因此，不该把它减去。

第二行是应付账款，这是无息流动负债的完美例子，其额度为1 112 000 000美元。它得被减去。

再接下来是应计费用和其他流动负债（accrued expenses and other current liabilities）。"其他"意味着什么？表中没有脚注提供说明。但在表中搜索"应计费用和其他流动负债"这个术语，有助于我们弄清。这些术语第八次出现时，是作为一张表格的标题，该表格有4个组成部分。

第一个组成部分是礼品卡（gift cards）、礼品券（gift certificates）、信用凭证（credit vouchers）、破损净值（net of breakage）。我知道，有些人在过生日时收到了盖璞服饰的礼品卡，但从来没有去兑换它们。因此，也许这些数额不会全部获得结算。我不会减去这个部分的数额。

第二个组成部分是应计薪酬与福利（accrued compensation and benefits）。这听起来是在相邻两个发工资日期间欠员工的，因此要把它减去。这个数额是230 000 000美元。

第三个组成部分是短期的递延租金和租户津贴（short-term deferred rent and tenant allowances）。显然这是一些与房产相关的负债。目前尚不清楚这些数额第二年会不会还在那里。因此，我没有减去它们。

第四个组成部分被称为其他（other），这并不明确。如果举证责任落在需要减去的条目上——就像我认为的那样——那么应当保留。

资产负债表的流动债务板块的第四行（也是最后一行）是应交所得税（income taxes payable），数额为 23 000 000 美元。这些应当被减去吗？

应缴纳多少税款，是大公司与税务部门之间经常探讨的一个话题。这种讨论可能持续数年之久。因此，我们可以将政府视为一个以临时减免税收的形式来发放贷款的放贷机构，就像银行以贷款形式放贷一样。出于这一原因，所得税的负债可以被认为是公司资本基础的一部分，在计算已动用资本时不能被减去。

但是，"应交"这个词还有"最终"的意思。这听上去像是讨论已经结束了，一个已知的数额即将支付。因此，还是减去了这 23 000 000 美元。

有些人可能会不仔细审查就简单地将所有无息流动负债减去，这也是可以的。不过我喜欢更加仔细审查它们以降低我低估公司所必需的财务基础的可能性，而且这有助于我更好地了解企业。

现在我们可以首次尝试着计算盖璞服饰的已动用资本了。其总资产是 7 473 000 000 美元，减去应付账款 1 112 000 000 美元，减去应计薪酬与福利 230 000 000 美元，减去应交所得税 23 000 000 美元。这样，包括现金在内，已动用资本是 6 108 000 000 美元。

从上面这个数字中减去 1 370 000 000 美元，得到 4 738 000 000 美元。因此，假如盖璞服饰不需要任何现金，这就是它的已动用资本。

作为零售商，盖璞服饰可能有许多的经营租赁。搜索"资本租赁"，没搜索到任何结果。但如果搜索"经营租赁"，得到 7 条结果。最有益的结果的开头是这么说的："我们租赁了大部分店面和公司的一些设施与配送中心。这些经营租赁……"

因此，公司所有的租赁都被视为经营租赁，而且都没有被资本化。

该条结果使盖璞服饰的经营租赁资本化变得简单。它指出，2016 年安排的租赁费用是 1 135 000 000 美元，2017 年是 1 098 000 000 美元，2018 年是 946 000 000 美元，2019 年是 821 000 000 美元，2020 年是 682 000 000 美元。将每个年份及其相应的费用输入到两行的电子表格之中。

接下来，这条注释指出，盖璞服饰在 2021—2032 年将产生总计 2 118 000 000 美元的租赁费用，这是 12 年的期限。用 2 118 000 000 美元除以 12，等于 176 500 000 美元。这是在接下来的年份里分配租赁费用的方式——平均。

但要注意，在 2016—2020 年，每年的租赁费用逐步递减。一种更好的方法也许是继续这一趋势。试着在 2021 年将租赁费用控制在 500 000 000 美元，2022 年控制在 400 000 000 美元，2023 年控制在 300 000 000 美元，2024 年控制在 200 000 000 美元。

最初的 2 118 000 000 美元减去刚才这 4 个数额，等于 718 000 000 美元。这是个相对较小的数额，因此，在剩下的 8 年里平均分配租赁费用，是比较合理的。将 718 000 000 美元除以 8，等于 89 750 000 美元。因此，从 2025 年开始到 2032 年结束，每年都使用这个估算值。

将 2021—2032 年的所有数额相加，将结果填入电子表格之中。

顺便提一句，2016—2020 年逐渐递减的租赁费用，并不意味着盖璞服饰在萎缩。这些只是公司在 2015 财年结束时已经投入的租赁费用。对公司来说，还有大量的时间来为后面几年签署新的租约。

为了挑选一个折现率，搜索"长期负债"。第 9 个搜索结果详细说明了

3 次借贷，第一次是 1 250 000 000 美元，将于 2021 年 4 月到期。显然，盖璞服饰为这笔贷款支付了 5.95% 的利息，这是一个折现率，只不过在网上快速搜索一下就能发现，这笔贷款是在 2011 年 4 月发放的。自那时以来，利率已经下降，这个参考点失效。

另一个候选的折现率是盖璞服饰在 2014 年 1 月获得的 150 亿日元的贷款。当时的利率是波动的，但很明显，2015 年的利率是 1%，这个数据更近一些。不过，盖璞服饰租赁的大部分房产都在美国。那些房产必须用美元来购买，不能用日元。因此，这个 1% 的利率之中，可能没有包含一定的换汇成本。

最后一个参考点是盖璞服饰在 2015 年 10 月获得的 400 000 000 美元贷款。同样，利率似乎也在 1% 上下浮动。遗憾的是，这笔贷款在 2016 年 10 月到期，是一种短期负债，根本不能与盖璞服饰用来购买房产的负债进行比较。

因此，完美的参考点不存在，且它从来就不存在。我的观点是，4% 已经足够了，这个比率介于 2021 年 4 月的票据与日元贷款的比率之间。

以 4% 的折现率对 17 年连续不断的租赁费用进行折现，得出的结果是 5 693 244 523 美元。这个数额既添加到负债上，又添加到资产上。①

这样，盖璞服饰含现金的已动用资本等于 11 801 244 523 美元。这个数额就是将 6 108 000 000 美元（即以前含现金的已动用资本的数额）加上经营租赁资本化的折现值 5 693 244 523 美元。

不含现金的话，已动用资本为 10 431 244 523 美元。这个数额就是将 4 738 000 000 美元（即以前不含现金的已动用资本的数额）加上与上面相同的经营租赁资本化的

① 请登录这个网址查询：http://www.goodstockscheap.com/7.2.xlsx。

折现值。

请注意经营租赁资本化带来的巨大差别。含现金的已动用资本几乎翻倍。如果不含现金，它超过了两倍。这对一家零售商来说，很正常。

在美国，经营租赁资本化可能比其他国家和地区更容易。这是因为美国证券交易委员会（SEC）强制要求上市公司更详细地披露信息。在其他国家和地区，公司可以披露得少一些。例如，很多国家还允许公司将2～5年安排的租赁费用与将来的费用融合到一起。想一想盖璞服饰的竞争对手——总部位于瑞典的连锁服饰品牌H&M公司。这家公司根本没有清楚地说明公司未来在房地产方面将要投入的资金，这使投资者产生更多的猜测。

这并不是说我们对盖璞服饰已动用资本的计算无懈可击。首先，它只有1天的有效期：2016年1月30日。这是从资产负债表中取数的日子。实际上，它只在那一天中的某个特定时间点有效：2016年1月30日闭门歇业时。那天上午的已动用资本是多少？下个星期呢？我们不知道。

非持久性是我们对已动用资本进行评估的一个局限。另一个局限是，它基于旧的成本，这些成本可能反映了也可能没有反映更新的费用。也许1 000美元的自行车，现在要1 100美元，或者只要900美元。不论是对已动用资本还是其他的关键数字，不完美总是经常出现。

比如投资，它被美化成一门科学，但它充其量只是一门不太重要的艺术。一门混乱的、不太重要的艺术，就像用手指画画一样。不过，这门艺术是奏效的，因为人们只需要决定到底是买入、卖出，还是什么都不做。

第8章 营业利润

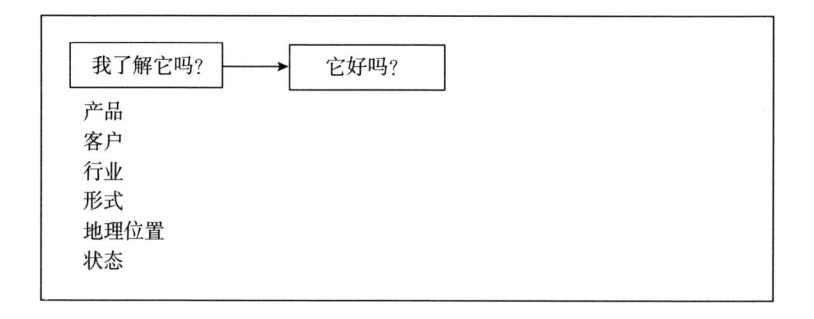

```
我了解它吗? ──→ 它好吗?
产品
客户
行业
形式
地理位置
状态
```

第二个关键的数据是营业利润。它出现在利润表上，有时也被称为营业收益（operating earnings）。

第6章概略地介绍了利润表的构成。它首先从营业收入开始，减去产品销售成本，再减去营业费用，最后得到利润。但领英的案例表明，利润有4种不同的衡量指标。回顾一下它们，以便清楚地了解为什么营业利润最有用。

营业利润是利润表上最重要的衡量利润的指标。它等于营业收入减去产品销售成本，再减去营业费用。

于是，对于营业利润，人们可以加上或减去非营业利润。非营业利润并非从公司主业活动中得到的收益或亏损。它们是商业活动，但是次要的商业活动。如果这些活动赚钱，那就可以增加营业利润。如果这些活动亏损，就要减少营业利润。其结果是衡量利润的第二个指标：息税前利润。

息税前利润不一定比营业利润更加真实。两者只是不同的衡量利润的指标而已。

于是，人们可以从息税前利润中减去利息费用。人们不认为利息是营业费用，因此没有把它计算在息税前利润中。从息税前利润中减去利息费用，得到了利润的第三个指标：税前利润。

从税前利润中减去税费，得到了净利润（net income）。它是衡量利润的第四个指标。有时候被称为净收益（net earning）或者净利（net profit）。它还被称为底线利润（bottom line），因为再也不能从中减去别的了。

乍看起来，净利润似乎是衡量企业利润的完美指标，毕竟它是底线利润。那么，为什么我们重点关注的是营业利润呢？因为它使得对比更容易一些。为了理解这一点，想一想营业利润没有包含什么。

首先，它没有包含非营业利润或者那些并非经常性的利润（这要由公司自己承认）。我们的目标是着重了解一家企业核心业务的持续利润，因此应当将那些无关的活动放在一边。

其次，它没有包含利息费用。利息费用体现为在资产负债表上有多少负债，以及公司从放贷机构那里获得了多好的贷款条

第 8 章　营业利润

件。它反映了公司融资的水平，不只是公司的经营水平。

最后，营业利润还没有包含税费，税费体现了公司的地理位置。如前面提到的那样，各国之间的税率不相同，而在同一个国家中，州或省的税率有时也不相同。

换句话讲，不管公司的资本结构如何，或者公司所在地的税制（tax regime）如何，营业利润都能衡量公司的盈利能力。

这又怎样方便比较呢？有以下两种方式。

第一种方式，使得人们能够对比同一家企业在不同时间点上的情况。公司是变化的。它们会进行资产重组。另外，为了降低税负，原来位于加州的公司可能搬到税费较低的得克萨斯州。原本在资产负债表上没有负债的公司可能加大杠杆水平。如果管理层想做的话，税率和利息也可能发生变化。但是，某一行业中的基本经济状况则更为稳定。要改变某一核心业务的盈利能力，靠行政命令手段是不行的。而衡量盈利能力的指标，就是营业利润。

第二种方式，使得人们能够在同一个时间点上对比不同企业的情况。这是在关注几家税率或者负债水平不同但其他情况类似的公司时衡量利润的最佳指标。

想一想食品零售商。2013 年，加拿大最大的连锁超市罗布劳（Loblaw）的实际所得税率（effective income tax rate）为 26.6%。同年，美国最大的连锁超市克罗格（Kroger）的实际所得税率为 32.9%。两者相差巨大，这源于加拿大和美国之间税收政策的区别。

罗布劳和克罗格两家连锁超市的地理位置，可以修饰它们之间净利润的比较。如果把它们看作杂货商，会扰乱人们的视线。但观察两者的营业利润，则使得这种对比清晰起来。

同样清晰的还有债务。2013年，克罗格支付了长期债务产生的443 000 000美元利息，到年底时，利息费用达到9 654 000 000美元。而位于得克萨斯州的超市连锁店全食超市（Whole Foods Market）却没有任何利息费用。到2013年年底时，全食超市没有任何债务。如果将这两家公司的情况基于净利润或税前利润进行比较，这种资本结构的差距之大将会突显出来。人们会不会想要沉浸在对这两家公司的第一印象之中呢？

不。这种第一印象会扭曲人们对两家公司核心业务的理解。营业利润再次成为显示利润产生能力的首要指标。

这不是否认公司必须支付利息或者必须纳税，也不是暗示利息和纳税对股东的回报没有影响。它们确实有影响。但是，从企业的核心业务所产生的东西观察，更具启发意义（如图8-1所示）。

开始计算指标时，我们会把营业利润和已动用资本结合起来考虑。因此，对某个指标的构成做出的调整，必须考虑到另一个指标的构成。如果在计算已动用资本时将经营租赁资本化，那么需要对公开发布的营业利润的数字做一些改变。

第一，需要将租赁费用加回来。在10-K报表中，这个数额出现在财务报表之后的一个表格中。搜索"租赁费用"（lease expense）、"租金费用"（rent expense）或者"租金支出"（rental

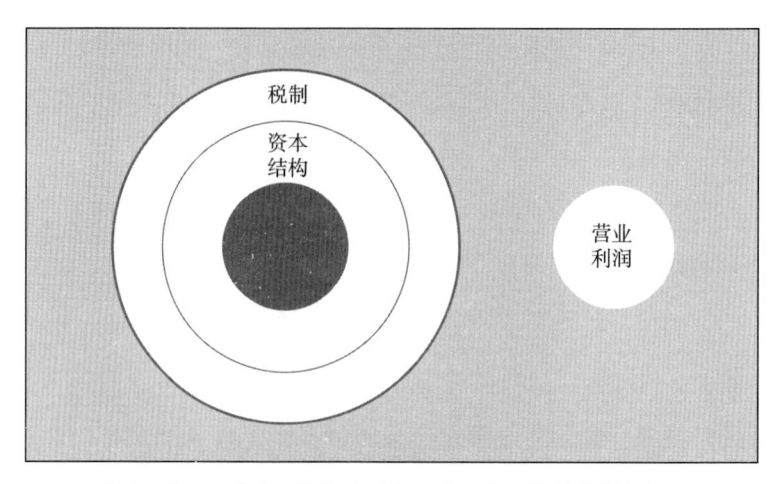

图 8-1 无论公司的资本结构或公司所在地的税制如何，
营业利润都能衡量公司的盈利能力

expense）这些术语。

第二，需要减去新的折旧费用（depreciation expense）。回想一下，经营租赁资本化迫使人们把新的利息费用与折旧费用登记到利润表上。它们换下了已经取出的租赁费用。事实上，一种常见的假设是，新的利息费用和折旧费用，等于旧的租赁费用。也就是说，净利润没有变。

利息费用与营业利润并不直接相关，因为它在利润表的下方。它在税前利润和净利润中体现出来，但没有体现在营业利润中。不过，利息对于评估折旧十分重要，而折旧则体现在营业利润中。因此，必须将利息量化。

在对已动用资本进行调整时，要辨别利率。这是公司能够借贷的一个估算的比率，用来计算折现值。现在，同样的比率可以用于计算利息费用。

找出那个被当成经营租赁资本化折现值而添加到资产负债表两侧的数值。实际上，这代表用于购买设备的贷款规模。用这个数额乘以利率，其结果是利息费用。从同年度旧的租赁费用中减去利息费用，其结果是折旧费用。

我对营业利润的重点关注，源于两件事情。

第一，我是一个美国人，我的投资经验都是在美国形成的。我经常看到基金入股上市公司，然后鼓励这些公司优化自己的经营。有时候采取轻推的形式，有时候采取猛推的形式。但到最后，许多美国公司都优化了它们的税务状况和资本结构。

这种情况也会出现在其他国家和地区，不过程度轻一些。规则会限制机构投资者建议的效力。法律、惯例及交叉持股，可能将公司与特定的位置、贷款人和资本结构紧密联系在一起。

其他国家和地区的投资者不会和我一样偏爱营业利润这个指标，情有可原。对他们来讲，税费和利息费用几乎和一个行业的基本经济学一样确定。但营业利润对我来说是有效的，因为它与我看到的公司可用的广泛的税收和债务选择相一致。

第二，我对营业利润的重点关注与我长期采用的投资理念一致。对我而言，我持股的公司有数年时间来理顺其税费与资本结构。只持股几个月的人不会明白这一点，这也是可以理解的。

几年前，我在一位亲戚的阁楼上发现了一幅年代已久的黑白点彩画。我喜欢这幅画，它描绘了一个阴郁的丹麦河岸场景，肥牛在橡树下吃草。唯一的问题是，这幅画点刻在一块腐烂的木头上，木头有金色的镶边，而且上面沾有泥巴。这使得画作贬值不少。

修复这幅画并不复杂。我给它换了个画框。如今，我把它放在一个有着黑框的白色毯子上，然后把它大大方方地挂在我家客厅的墙上。

我看到的一些公司，好比陈旧画框中的点彩画。它们的核心业务（好比那幅画的主体）很好，但税收状况和资本结构（好比边上的画框）坏了。能不能给它们换一个画框？我不知道。但另一些人可能会发现这幅画的优点，想方设法给它换一个画框。我的职责只是欣赏这幅画，并且在墙上给它留出一个悬挂的位置。

总结

1. 营业利润是衡量企业核心盈利能力的最佳指标。
2. 对已经形成的已动用资本的调整，必须体现在营业利润之中。
3. 如果经营租赁资本化了，那么对营业利润的计算，需要将旧的租赁费用加进来，并减去新的折旧费用。

案例研究

盖璞服饰，第二部分

在盖璞服饰2015年度的10-K报表[①]的利润表中，营业利润在第五行。2015年，这一数额是1 524 000 000美元。但是，由于较早前对已动用资本做出了调整，以便将经营租赁资本化，因此必须做出两项变动。

首先，需要将2015年的租金费用转回。盖璞服饰的利润表上没有列出租赁费用，这是很正常的。搜索"租赁费用"这个术语，找不到一条结果。但搜索"租金费用"这个术语，则获得16条结果，其中一条显示，2015年的净租金费用为1 313 000 000美元。

其次，需要减去新的折旧费用。这要从估算利息费用开始。在计算已动用资本时，未来租赁费用的折现值确定为5 693 244 523美元。这就是贷款的规模。

在折现值的计算中使用的折现率为4%。这个比率假定等于贷款利率。因此，2015年的利息费用为227 729 781美元，也就是用5 693 244 523美元乘以4%。

将转回的1 313 000 000美元租赁费用中的227 729 781美元的利息费用减去，得到1 085 270 219美元。这就是折旧费用。

现在，计算营业利润十分简单明了。首先从公布的营业利润1 524 000 000美元开始，将旧的租赁费用1 313 000 000美元加回来，减去新的折旧费用1 085 270 219美元。这样，2015年，盖璞服饰的营业利润为1 751 729 781美元。[②]

[①] 请登录这个网址查询：http://www.goodstockscheap.com/8.1.htm。

[②] 请登录这个网址查询：http://www.goodstockscheap.com/8.1.xlsx。

第9章　自由现金流量

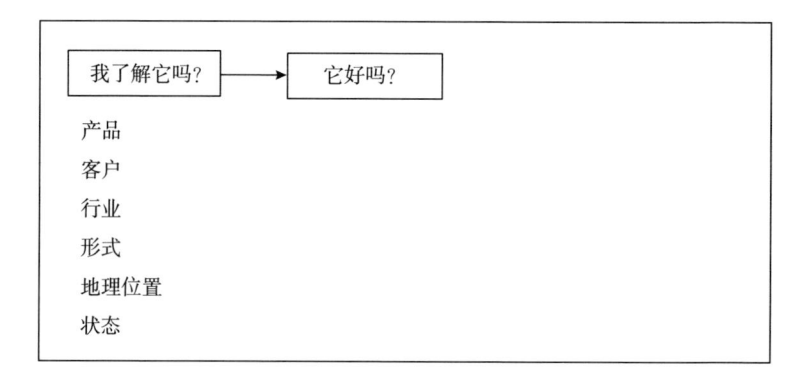

```
┌─────────────────────────────────────────────┐
│   ┌──────────┐      ┌────────┐              │
│   │ 我了解它吗? │ ───> │ 它好吗? │              │
│   └──────────┘      └────────┘              │
│   产品                                       │
│   客户                                       │
│   行业                                       │
│   形式                                       │
│   地理位置                                   │
│   状态                                       │
└─────────────────────────────────────────────┘
```

第三个重要数据是自由现金流量（free cash flow）。它指公司仅通过经营活动而流出的现金数量。

我计算自由现金流量的方式是从经营活动现金流量中减去资本支出，这两个数字都来自现金流量表。

回想一下，资本支出，也被称为资本性支出（capital expenditure），是指购买的非流动资产。资本支出有两种类型：维护性资本支出（maintenance capital expenditure）和增长性资本支出

（growth capital expenditure）。维护性资本支出是指购买新设备来替换已经磨损的设备。这是一种更换。它是公司为了维持经营水平而付出的一笔费用。

增长性资本支出则不同，它是公司为扩张经营而支出的一笔资金，它使得企业规模更大。

为了更好地计算自由现金流量，应当只从经营活动现金流量中减去维护性资本支出。毕竟，自由现金流量着眼于评估当前的经营所具备产生现金的能力。如果减去所有的资本支出，会低估企业的业绩，这是错误的。

问题在于，现金流量表并没有将资本支出分为维护性和增长性。

一个流行的办法是将折旧费——计算资本设备（capital equipment）磨损程度的会计方法——当作维护性资本支出。这种方法有它的可取之处，因为已配置的设备确实在贬值。但我不喜欢这种方法，有以下两个原因。

一是通货膨胀。折旧是旧成本的一部分，只是为资本设备支付金额的一小部分。现在，同样一件资本设备，可能需要花更多钱来购买。假设折旧与维护性资本支出相一致，便会带来低估维护性资本支出和高估自由现金流量的风险。公司的情况看起来会比实际上更好一些。

二是质量。磨损了的设备可能与代替它们的设备在质量上各不相同。

想象一家企业用 4 台机器生产产品。每台机器的成本是

4 800 美元，设计使用寿命为 4 年。企业在开始经营的第一年年初购买第一台机器，第二年年初购买第二台机器，第三年年初购买第三台机器，第四年年初购买第四台机器。

采用直线法（straight line basis），每台机器每年的折旧额为 1 200 美元。那就是用 4 800 美元除以 4。在第四年，也就是所有 4 台机器投入运行的时候，总折旧费等于 4 800 美元。

假设到了第四年的年底，第一台机器准时地磨损了。又假设该企业用一台更便宜的机器来替代它。更便宜的机器与之前磨损了的机器每年生产的产品数量相当，但使用寿命只有磨损了的机器的一半。它的成本仅有 2 000 美元，而且只能使用 2 年。采用直线法，这台机器每年只有 1 000 美元的折旧额。

那么，到第五年时，总折旧额将是多少？那个时候，使用中的机器将有 3 台旧机器，1 台新机器。3 台旧机器的总折旧额是 1 200 美元乘以 3，即 3 600 美元。1 台新机器的折旧额是 1 000 美元。因此，到第五年时，总折旧额将是 4 600 美元。

但是，到第五年时，维护性资本支出又是多少呢？它就是一台新机器的买入成本：2 000 美元。这不到折旧额的一半。

如果这家企业购买了一台旧机器来作为替代，那么维护性资本支出与折旧额将更加接近一些。但是，企业购买的是不同类型的机器，折旧额高于维护性资本支出，这将导致低估自由现金流量。公司的情况看起来比实际上更差一些。

一种比折旧更有效的方法是在 10-K 报表中找到"维护性资本支出"。另一种方法是在网络直播的财报电话会议（earnings call）中收听关于维护性资本支出的消息。高管与股票分析师之间每季度举行财报电话会议的录音，人们可以在公司官方网站上免费收听。

财报电话会议的第一部分内容主要是事先准备好的评论，这些用处不大，主要是讲故事。但随后的提问与回答环节可以透露一些宝贵信息。有时候，维护性资本支出的数据会从这些环节中冒出来。

当我发现这两种方法都行不通时，我会假装所有的资本支出都是维护性资本支出，但我知道这会把这家企业的形象描绘得差一些。我更喜欢怀着乐观的心情来假设最坏的情况，而不喜欢冒着失望的风险来假设最好的情况。

任何对已经成形的已动用资本和营业利润的调整，都应当考虑在自由现金流量之中。因此，如果人们将经营租赁资本化，那就必须做出两项调整。

首先，支付的租金应该加回经营活动现金流量之中。假设支付的租金等于增加到已公布的营业利润之中的租金费用。也就是说，可以认为租期届满时立即支付租金。

请注意，费用（expense）与支付（payment）这两个术语是相关联的，但它们不是同义词。费用与权责发生制会计及利润表相关联，支付则与现金会计及现金流量表相关联。

其次，为并没有发生的贷款所支付的利息，应当从经营活动现金流量中扣除。扣除的数额等于在计算营业利润时估计的利息费用。和租赁费用一样，利息费用也可以假定为在租期届满时立即支付。

这就引出了一个会计问题。有些公司按照《国际财务报告准则》来报告，没有把支付的利息放到经营活动现金流量之中，而是放到了筹资活动现金流量之中。针对类似这样的经营租赁资本化，不但应当减去新支出的利息，而且还要将筹资活动板块的现有利息费用转到经营活动板块。

这个计算自由现金流量的公式，即从经营活动现金流量之中减去为经营租赁资本化而调整后的资本支出的公式，产生了一个特定的测算自由现金流量的指标，被称为杠杆自由现金流（levered free cash flow）。杠杆意味着负债，这个指标表示已经包含了支付的利息。

无杠杆自由现金流（unlevered free cash flow）则不同，它不包括支付的利息。为了计算这个指标，首先将支付的利息加回杠杆自由现金流之中。于是，这既包含了在经营租赁资本化时产生的利息支付，也包含了之前存在的任何利息支付。

然后将支付的税费加进来，利息是一种可减税的费用。因此，扣除了利息费用，将增加税前利润，迫使公司支付更多的所得税。

这是相关的，因为《美国通用会计准则》和《国际财务报告准则》都将税费放入经营活动现金流量之中。这方面的一个例外是《国际财务报告准则》中对特定投资与融资活动进行纳税。

计算应当增加多少税费，是一件简单的事情。首先找出公司的所得税税率，在 10-K 报表中搜索"实际税率"，如果没有搜索到，则只搜索"税率"。然后用 100% 减去那一比率。如果税率是 30%，那么相减后的数字是 70%。最后，用这个数字乘以加回来的利息支付，这就是应当增加的税费。

杠杆自由现金流和无杠杆自由现金流，到底哪个指标更有用些？

我喜欢杠杆自由现金流，因为它使我能够采用与营业利润完全不同的视角来观察公司。营业利润是一个权责发生制会计数据，它忽略了税费和利息，而杠杆自由现金流是一个现金会计数据，它体现了税费和利息。采用这两个视角，我可以看到与企业盈利相关的一切重要问题。

另一个问题是：营业利润和无杠杆自由现金流，哪个更高些？

两者都忽略了利息。但是，无杠杆自由现金流体现了税费，而营业利润忽略了税费。因此，一般情况下，营业利润更高些。但如果将税费加回无杠杆自由现金流之中，现在，哪个更高些？

还是营业利润。理解其中的缘由是有益的。

大多数企业都有一个正常现金周期（normal cash cycle）。它们会先支付再收款。它们将为租赁办公场所、发放员工工资以及购买原材料而支付现金，然后将产品配送给客户，而客户在收到产品后再付款。因此，在现金流量表上出现相关的资金流入之前，营业收入会先在利润表中确认。成长中的企业尤其如此。企业一经成立，要花费的现金越来越多。

对于业务逐步萎缩的企业，则是相反的情况。营业利润可能更少。以前大订单的现金流量大批涌入，而购买原材料等的支出增长却放缓。但大多数值得投资者关注的公司都是成长型公司，而不是萎缩型企业。

公司的商业模式偶尔还会制造负现金周期（negative cash cycle）。这种令人高兴的情况是，公司在向供应商付款之前就收到了客户的付款。这方面的一个例子是需要预先支付订阅费的杂志发行商。这样的话，即使杂志社正在发展，无杠杆自由现金流也可能超过营业利润。

但是，除了那些预先支付的以及那些业务量在下降的情况，企业的营业收入通常都超过经营活动现金流量。当我们开始评估过去的业绩时，这一点将变得重要。我们将把基于自由现金流量的指标标准设置得低于基于营业利润的指标。

不管是杠杆自由现金流还是无杠杆自由现金流，都是和营业利润同样有益的数据。它们没有哪一个比另一个更优越，只是不同的指标而已。同时考虑这两个指标，将使你更加了解公司的经营情况。

> **总结**
> 1. 自由现金流量等于经营活动现金流量减去维护性资本支出。
> 2. 如果无法区分维护性资本支出与增长性资本支出，那么减去所有的资本支出是一种保守的方法，尽管并不完美。
> 3. 如果经营租赁资本化了，那么对自由现金流量的计算需要加回旧的租金费用并减去新的利息支付。
> 4. 杠杆自由现金流体现了利息支付，而无杠杆自由现金流没有体现。
> 5. 大多数企业具有正常现金周期。

案例研究

盖璞服饰，第三部分

在盖璞服饰 2015 年的 10-K 报表[①]的现金流量表中，盖璞服饰的经营活动现金流量为 1 594 000 000 美元，公司称之为经营活动产生的现金净额（net cash provided by operating activities）。

资本支出（即购买房产与设备的资金）为 726 000 000 美元。和往常一样，现金流量表并没有区分维护性和增长性资本支出。在这份文档中搜索"维护"（maintenance）和"增长"（growth），找不到任何相关的搜索结果。

①请登录这个网址查询：http://www.goodstockscheap.com/9.1.htm。

第 9 章 自由现金流量

2016 年 2 月 25 日，盖璞服饰举行了一次财报电话会议，高管与股票分析师一同探讨公司 2015 年的业绩。遗憾的是，这次会议没有提到维护性资本支出的估算问题。

因此，一种保守的方法是减去所有的资本支出。有没有办法估算这种方法会在多大程度上低估自由现金流量呢？

有。如前所述，折旧与维护性资本支出是不同的。但是，将折旧与总资本支出进行对比，可以让我们在一定程度上了解这两者的离散度有多大。

在文档上搜索"折旧"。有一个搜索结果显示了 2015 年的房产与设备的折旧费用为 588 000 000 美元。那是资本支出 726 000 000 美元的 81%。因此，这两者之间的差别不是很大。自由现金流量最终可能会被低估，但并非特别严重。

我们此前对盖璞服饰的经营租赁进行过资本化。因此，租金费用需要加回来，加回已公布的营业利润上的租金费用是 1 313 000 000 美元，这是要用的数额。

同时，还必须减去利息支付。要用的数额等于在计算营业利润时估算的利息费用，为 227 729 781 美元。

现在，可以估算盖璞服饰 2015 年度的杠杆自由现金流了。它是经营活动现金流量 1 594 000 000 美元减去资本支出 726 000 000 美元，加上旧的租金费用 1 313 000 000 美元，减去新的利息费用 227 729 781 美元，最终结果为 1 953 270 219 美元。

计算无杠杆自由现金流也很简单。首先，将刚刚的利息费用 227 729 781 美元加回杠杆自由现金流，然后再将此前存在的所有利息支付加回来，可以假定它们等于利息费用。利润表表明，2015 年的利息费用为 59 000 000 美元。

因此，加回来的总利息为 286 729 781 美元，也就是将 227 729 781 与 59 000 000 相加。

接下来，利息费用的增长，体现了从利息中扣除税费的损失。搜索"实际税率"，一条结果表明 2015 年的实际税率为 37.5%。用 100% 减去这个数字，得到 62.5%。用加回来的总利息 286 729 781 美元乘以 62.5%，等于 179 206 113 美元，这就是要被减去的税费。

因此，2015 年盖璞服饰的无杠杆自由现金流等于 2 060 793 887 美元，也就是用杠杆自由现金流 1 953 270 219 美元加上总利息费用 286 729 781 美元，再减去额外的税费 179 206 113 美元。[1]

[1] 请登录这个网址查询：http://www.goodstockscheap.com/9.1.xlsx。

第 10 章　账面价值与股份

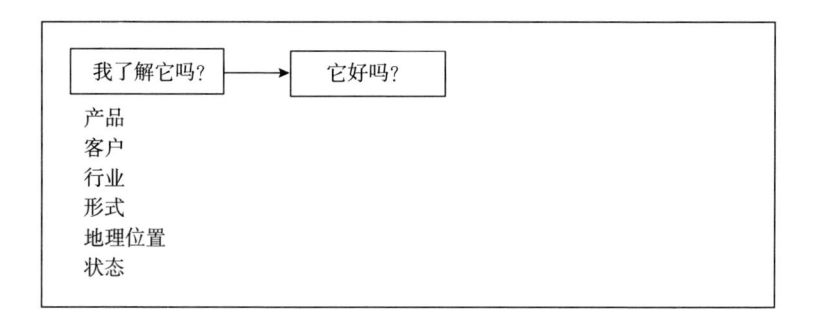

```
┌─────────────────────────────────────────────┐
│   我了解它吗?  ──▶  它好吗?                  │
│   产品                                       │
│   客户                                       │
│   行业                                       │
│   形式                                       │
│   地理位置                                   │
│   状态                                       │
└─────────────────────────────────────────────┘
```

第四个重要数据是账面价值。此前，我们用这个术语来描述某种折旧较少的非流动资产的购买价格。当应用到整个公司时，账面价值指的是所有者权益。它出现在资产负债表上，是从正式的会计视角来观察公司的价值。

所有者权益等于资产减去负债。但有时候，资产负债表上所有者权益那一行的数字，小于资产减去负债之后的数字。领英的案例就是这种情况。该公司在中国的分公司有一位少数合伙人拥有公司的一部分权益，而领英的其他股东对这一部分权益没有所有权。这一部分作为可赎回非控制性权益，出现在资产负债表的权益板块。

无论是可赎回还是不可赎回，非控制性权益都是正常的。它们是股东权益与更大的总股东权益之间的差额。它是之前较小的数额，聪明的投资者认为它等于账面价值。它更好地代表了人们可以买到的"馅饼"大小。

两个因素使得所有者权益增加。一是留存收益，此前我们提到，它是没有作为分红派发的净利润。二是为增加现金而新发行的股票。

相应地，两个因素使得所有者权益减少。一是分红的派发。二是股票回购（repurchase），回购的另一种英文表述是buybacks，与新股发行是相对的。它们是公司用现金把自己的股票买回来。在资产负债表上，当现金减少却没有出现另一种资产增加时，可以解释为回购。因此，为了使得资产负债保持平衡，回购使得所有者权益减少了。

这意味着，任何基于账面价值的指标，都受到回购的影响，这并没有好与坏之分。如我们将看到的那样，只是我们要知晓这样的事情。

第五个重要数据是有形账面价值（tangible book value），即用账面价值减去无形资产。无形资产是所有的非实物资产，包括商誉、商标、专利等。它们在资产负债表的资产板块得到不同程度的细分。

有形账面价值是从更严格的正式会计的角度来观察公司价值。它不仅没有考虑当前正在开展的业务价值，还没有考虑任何非实质物品的价值。

这是一种老式的计算方法。有形账面价值使我们回想起以前那个时代，那时财务报表不是十分可靠，也并不经常公布，实物资产被认为体现了企业的可融资性（bankability）。

我发现，有形账面价值在评估那些为收购而付出高价的公司时是有益的。如果账面价值远远高于有形账面价值，那将存在大量商誉，这会将我的注意力导向公司的收购历史上。如果公司最近收购了另一家上市公司，我会分析被收购的上市公司之前的情况。我会查看它以前的 10-K 报表。我愿意付那个价格吗？如果不愿意，我的分析也就此打住。我不关心所谓的协同效应是什么。定价过高的收购，是结局糟糕的故事的开始。我不会卷入其中。

第六个，也是最后一个重要数据是股份。许多有益的指标都是基于每股来表述的。股份体现了股票数量增加的稀释效应或者股票数量减少的集中效应。

这种做法的效果是明显的。营业利润从去年的 100 万美元增加到今年的 200 万美元，这是一回事。但是，假如在同一时间内股份数量也翻了一倍，那么值得注意的是，每股的营业利润仍然持平。

如何计算股份的数量？年报通常提出几个不同的指标（如图 10-1 所示）。第一个是流通股（shares outstanding），有时也被称为基本股（basic shares）。它是散户、投资基金以及其他实体持有的股票数量。

第二个是完全稀释股份（fully diluted shares），这个数目更大。它是流通股加上（如果公司发行的其他证券被行使或转换）可以转变成流通股的股份数量。例如，行使认股权证（warrant）将导致流通股数量增加，如可转换债券（convertible bond）的转换。员工行使股票期权，亦会产生同样的效果。

第三个是授权股份（authorized shares），这个数目比前两个数目更大。它是公司根据其章程允许发行的股份数量。它等于完全稀释股份加上由于发行新股、认股权证、期权或可转换债券而产生的股份。

图 10-1 计算股份数量

选择哪个指标？许多人选择流通股。但在考虑股票的购买时，我更喜欢完全稀释股份。这是因为，对于一家成功的企业，任何可以变成股份的东西都将变成股份。

员工可以行使他们的期权，可转换债券的持有人将转换，认股权证的持有人也将认购股份。他们做这些事情，目的都是使自己能以更高的价格卖出股票。这就是为什么完全稀释股份是最有意义的分母。

使用授权股份可能看起来更直截了当，因为它是一个更大的数量，但这可能太夸张了。对于一家公司来说，发行新股票是个重大决策，并不是因为转换或行权而不得不发行。发行新股不会自然而然地发生。因此，绝不能认为授权股份就是最终的流通股数量。

完全稀释股份的数量很容易在 10-K 报表或年报中找到。它要么出现在利润表的下方，要么出现在财务报表的注释之中。在 10-K 报表或年报中搜索"稀释"（diluted）。只有化学公司才会用这个术语来指代其他的意思。

完全稀释股份这个指标并不完美。例如，它没有考虑一旦转换时可能收到的现金。比如，行使股票期权，通常需要由期权持有者支付成交价（strike price），这可能导致公司产生筹资活动现金流入量，使得公司的现金余额增加。但除非人们知道行使价是多少，否则难以抓住这种效应。

这里还有一个情况。在一年之中，完全稀释股份的数量是波动的。因为可能会有二次发行（secondary offering）和期权发行，而且股份数量通常波动。这种情况在美国尤其常见。

为了体现这种变化，年报通常会报出完全稀释股份的加权平均数量。这个数量是用时间来加权的完全稀释股份的数量。有时它低于报告期限结束时的完全稀释股份数量，有时候又更高一些。但这同样也是一种人们可以忍受的不完美。

> **总结**
> 1. 账面价值等于所有者权益减去非控制性权益。
> 2. 有形的账面价值等于账面价值减去所有的非实物资产价值。
> 3. 完全稀释股份是3种股份计数中最有意义的一种。

案例研究

盖璞服饰，第四部分

在盖璞服饰2015年的10-K报表[①]的资产负债表中，股东权益总额（total stockholders' equity）为2 545 000 000美元。资产负债表上再没有其他显示权益的内容，也没有提到非控制性权益。因此，这个数字就是账面价值，很简单。

有形账面价值计算起来也很简单直接。盖璞服饰的资产负债表上资产板块没有提到商誉、商标、专利或任何其他类型的常见的无形资产。因此，这些无形资产可能被掩藏在更大的资产类别中，比如其他长期资产（other long-term assets）。

搜索"无形"（intangible）。一个搜索结果显示，在2016年1月30日，也就是盖璞服饰2015财年的最后一天，也是资产负债表发布的同一天，公司的商誉是180 000 000美元，商标（trade names）是92 000 000美元，其他寿命不明确的无形资产（indefinite-lived intangible assets）是4 000 000美元，其他需摊销

① 请登录这个网址查询：http://www.goodstockscheap.com/10.1.htm。

第10章 账面价值与股份

的无形资产净值（intangible assets subject to amortization，net）是 1 000 000 美元。以上 4 个数字累加起来，总数是 277 000 000 美元。

我们知道商誉是什么，但其他几项是什么呢？

较早前，我们将商誉定义为超出所有者权益的收购价格，这基本上是正确的。但有时候，当某家公司收购另一家公司时，超出收购价格的部分被分配到无形资产类别中，而不是商誉之中。

比如商标。商标也叫品牌。在盖璞服饰的案例中，品牌是指女士运动品牌阿什利塔（Athleta）和女装连锁买手店 Intermix，也是盖璞服饰最近购买的两家公司的名称。

其他寿命不明确的无形资产又是什么？商誉和商标是寿命确定的无形资产的最好例子。但寿命不明确的无形资产，不知道是什么。不过无所谓，4 000 000 美元相对是个小数目，但深入挖掘这个短语的含义，具有启发意义。

寿命不确定的，意味着不用摊销。还记得吧，摊销就好比折旧，只是针对无形资产。这是一种会计方法，用来记录那些无法触及的东西的价值损失。因此，与商誉和商标一样，不管这一行中记录了什么，都不会使得每年的价值自动下跌。

这和其他需摊销的无形资产净值相反，这个项目中的内容将使得每年的价值自动下跌。其中也指出，这一行包括"客户关系与竞业禁止协议"。

客户关系（customer relationships）是一种既得资产，因为它们在某段时间内会产生经济效益，也就是产生销量。

竞业禁止协议（non-compete agreements）是由阿什利塔和 Intermix 这两家公司的员工做出的承诺，承诺会等待一段时间才创办或加盟与其母公司竞争的公司。这种协议在一段有限的时间内生效，因此还是应用摊销周期性降低其价值。

到 2015 财年的年底，盖璞服饰的有形账面价值为 2 268 000 000 美元。这就是用账面价值 2 545 000 000 美元减去无形资产总额 277 000 000 美元。

完全稀释股份的数量容易找到。搜索"稀释"，一个结果显示被稀释后的加权平均股份数量（diluted weighted-average number of shares）的数目为 413 000 000。这个数字出现在利润表中，也出现在注释之中。这也是理所当然的。

第 11 章　过去的业绩

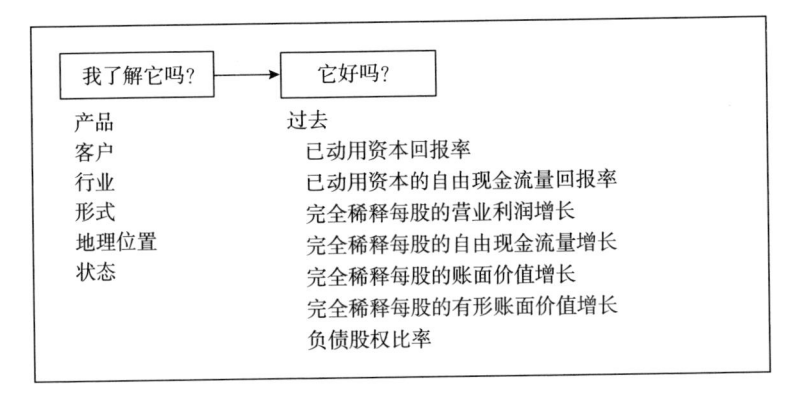

```
┌─────────────────────────────────────────────────┐
│  ┌──────────┐      ┌──────────┐                 │
│  │我了解它吗?├─────▶│它好吗?    │                 │
│  └──────────┘      └──────────┘                 │
│   产品              过去                         │
│   客户              已动用资本回报率              │
│   行业              已动用资本的自由现金流量回报率 │
│   形式              完全稀释每股的营业利润增长    │
│   地理位置          完全稀释每股的自由现金流量增长 │
│   状态              完全稀释每股的账面价值增长    │
│                     完全稀释每股的有形账面价值增长 │
│                     负债股权比率                 │
└─────────────────────────────────────────────────┘
```

　　从财务报表中提取关键数据，便可以计算业绩指标。业绩指标有 7 个，它们清楚地表明某家企业一直以来的业绩是否优良。

　　第一个业绩指标是已动用资本回报率（return on capital employed，简写为 ROCE）。已动用资本回报率是一个比率，用百分比表示。其分子是营业利润，分母是已动用资本。

　　计算已动用资本回报率的目的是表明企业相对于它需要的资本赚了多少钱。

已动用资本回报率的分子，即营业利润，描述的是一段时间的情况。它来自利润表，就好比一部电影。

但是其分母，即已动用资本，描述的是一个时间点的情况。它是从资产负债表上计算的，就好比一张快照。这引发了一个问题：一年之中的哪个时间点最好地体现了产生年度营业利润的已动用资本？

这很重要。在一年时间里，已动用资本可能变化很大。总资产、现金余额、无息流动负债等全都是波动的。

时间点的选择有3种。第一种选择是年初。这意味着用上一年结束时的资产负债表上的结果来计算已动用资本。第二种选择是年末，意味着使用本年度结束时的资产负债表。第三种选择是使用平均值，取年初和年末结果的算术平均值。

人们还可以利用来自季度报告中的资产负债表数据，但季度数据未经审计，因此不那么可靠。

如果没有特殊的洞察力，一种方法是计算两个版本的已动用资本：版本一是年初的已动用资本，版本二是年末的已动用资本，这产生了一个可能的值的范围。这种方法与我们处理现金时的方法相呼应，在处理现金时，我们测算了不减去现金的已动用资本和减去所有现金的已动用资本。

我喜欢范围，它们提醒我，即使是最出色的计算，也是十分粗略的。因此，对于一个单独的时间段，我最终会算出4个已动用资本回报率的指标。每个指标都通过我对待已动用资本的方法来定义，它们分别是：期初含现金的、期初不含现金的、期末含现金的、期末不含现金的。我们很快就会阐述哪个指标最有益以及如何定义该指标。

第二个业绩指标是已动用资本的自由现金流量回报率（free cash flow return on capital employed）。我将它简写为 FCFROCE（这个词纯属首字母缩写词，在英语中不可发音）。它是用杠杆自由现金流除以已动用资本。

和已动用资本回报率一样，已动用资本的自由现金流量回报率需要选定一个日期来测算已动用资本。同样，使用一个范围是合理的做法。与计算已动用资本回报率一样，人们也可以总共提出 4 个已动用资本的自由现金流量回报率的指标，每一个指标都根据在分母中对待现金以及时点的方法来定义。

在成长型企业中，已动用资本的自由现金流量回报率通常低于已动用资本回报率。这是因为杠杆自由现金流往往滞后于营业利润。这体现了利息、税费以及正常现金周期。

第三个业绩指标是完全稀释每股的营业利润增长（growth in operating income per fully diluted share），我把它缩写为 $\Delta OI/FDS$。在这个缩写词中，我使用了希腊字母 Δ，不是为了追求花哨，而是出于一个实际的原因：它意味着变化。这个字母很好地体现了增长，既可能是正增长，也可能是负增长。

计算完全稀释每股的营业利润增长很容易。首先，用第一年的营业利润除以完全稀释股份；然后，用第二年的营业利润除以完全稀释股份；接下来，先用第二个数值减去第一个数值；最后，用这个结果除以第一个数值。最终，得到的百分数即为结果。

如果 2015 年的完全稀释每股的营业利润是 3 美元，2016 年是 4 美元，那么 2016 年的完全稀释每股的营业利润增长是 33%。也就是用 4 美元减去 3 美元，再除以 3 美元。

第四个业绩指标是完全稀释每股的自由现金流量增长（growth in free cash flow per fully diluted share），缩写为 ΔFCF/FDS。它的计算方法是：首先，用第一年的杠杆自由现金流除以完全稀释股份；然后，对第二年采取同样的计算；接下来，先用第二个数值减去第一个数值；最后，用这个结果除以第一个数值。

第五个业绩指标是完全稀释每股的账面价值增长（growth in book value per fully diluted share），缩写为 ΔBV/FDS。它的计算方法类似，现在你应该已经熟悉了。首先，用第一年的账面价值除以完全稀释的股份数量；然后，对第二年采取同样的计算；接下来，先用第二个数值减去第一个数值；最后，用这个结果除以第一个数值。

完全稀释每股的账面价值增长是从严格的会计学角度来观察价值随着时间推移而产生的增长，但它本身的功效是有限的。这里有两个原因。

第一，它没有体现分红。分红直接来自账面价值。因此，如果要有意义地使用这个指标，还需要知道分红的派发情况。尽管账面价值增长与分红都和投资者的回报息息相关，但它们是不同的。如果把前者的 1 美元等同于后者的 1 美元，那就错了。这其中部分的原因是，分红通常是纳税的，而账面价值的增长通常不纳税。因此，如果把这两者混在一个经营指标中，未免过于简单了。

第二，它受到股票回购的影响。即使某家企业的完全稀释每股的账面价值增长是正值，并且没有派发分红，股票回购也可能使之变成负值。但不管怎样，这个指标还是值得计算的，我们很快就会阐述。

第六个业绩指标是完全稀释每股的有形账面价值增长（growth in tangible book value per fully diluted share），缩写成 ΔTBV/FDS。它的计算方法是：首先，用第一年的有形账面价值除以完全稀释股份数量；然后，对第二年采取同样的计算；接下来，先用第二个数值减去第一个数值；最后，用这个结果除以第一个数值。这个指标有它的优点，但它同样没有体现分红，而且受到股票回购的影响。因此，它的功效也是有限的。

第七个业绩指标是负债股权比率（liabilities to equity ratio）。它衡量公司资产负债表上债务的重要性，计算方法是用总负债除以账面价值。

很多优秀的投资者测算公司的负债情况。许多人使用利息保障倍数（interest coverage ratio），它等于息税前利润除以利息费用。这个比率衡量公司偿还债务（或者支付债务利息）的能力。

另一些人使用债务股本比率（debt to equity ratio）。该比率的分子是公司的财务负债，包括债券、银行贷款以及其他的有息负债。

我会尽可能地把所有负债都包含在分子之中：债券、银行贷款、应付账款、应计支出、预收收入（unearned revenue），只要是企业欠下的，无论是否计息。为什么？因为不管是什么类型的债务，如果数量太大，总能将公司压垮。我希望这些负债都体现在我的指标之中。需要再次指出的是，我的目标是了解假如以最悲观的视角观察企业，它会是怎样的情况。我强烈地想要看到最糟糕的情景。

尽管我更喜欢负债股权比率，但它的一些替代指标也可能十分奏效，重要的是以某种方式考虑公司的负债情况。这里介绍其中的原因。

负债会放大结果。如果一家高杠杆公司的经营状况良好，那就真的很好。这种成功所带来的经济效益，朝着股东的方向滚滚而来，因为债权人和供货商在这方面所得有限。债权人可以收回他们的利息和本金，供货商拿到他们的货款，但仅此而已，他们的上行空间是有限的。股东的上行空间则没有限制，天空才是他们的极限。这种上行空间没有限制的情况，通常表现为不断上涨的股票价格。

但是，如果一家高杠杆公司经营不善，那就可能十分糟糕。营业利润不稳定，现金流不但流速放缓，而且变成了涓涓细流，但负债丝毫没有减轻。债权人要求取回他们的利息和本金，供货商希望他们拿回货款，最终的结果可能是企业破产。正是这种确实会出现灾难的可能性，使得价值投资者转而寻找负债可控的企业。

较高的负债股权比率，在两种情况下可能会令人满意。第一种情况是当信用良好的公司在低利率时期借了现金，且这些现金具有产生高回报的用途时；第二种情况是当分红或者（在某些情况下，稍后定义）回购降低了股权时。

这两种情况偶尔还会同时出现。某家实力强劲的公司以低利率借来资金，然后以远低于自身股票价值的价格回购股票。这样一来，公司的负债突涨，账面价值缩水，创造了畸高的负债股权比率。但不管怎样，这种情形对聪明的投资者是有吸引力的。

有时候，企业经历了不寻常的年份。市场需求的激增可能增加利润，但经济衰退可能导致现金流锐减。因此，依据这些年份的业绩来判断企业，有可能产生误解。与此同时，假装这种现象没有发生，又是愚昧之举。我们真正应该做的是依据正常的结果来判断。

将业绩正常化的一种方式是考虑几年的业绩。考虑已动用资本回报率，如果某家企业在过去5年里没有发生根本的改变，那我们可以将这5年的营业利润累加起来，计算平均的已动用资本回报率，并且将这一数字除以每年的已动用资本总额。

由于针对每一年就有4个不同的已动用资本的指标，分别是期初含现金的、期初不含现金的、期末含现金的、期末不含现金的，所以我们最终可以获得4个不同的平均已动用资本回报率的计算结果。

也可以用同样的方式计算平均的已动用资本的自由现金流量回报率。

增长的指标也可以用几年的结果来取平均值。但是，算术平均不适合增长数据，因为它没有体现复利。相反，在计算增长时，应当使用几何平均。我们在第 4 章中使用这一平均数来评估过投资业绩。

我喜欢运用几年的平均值来将公司的业绩正常化，但有些人更喜欢调整单个年份的方式来将业绩正常化，他们不考虑非典型的事件。例如，采用这种方法，可以将一次性诉讼和解的费用加回来。但我不喜欢这种方法，原因有 3 个。

第一，只有未来才能决定什么是真正的非正常。诉讼费用真的是一次性结算的吗？如果又发生了一次诉讼，就不是了。

第二，当真正的非正常出现时，需要具备管理层的知识才能辨别它们。年报、新闻发布会以及新闻条目等，详细到足以欺骗外部投资者，使他们以为自己也能发现这些不正常，但他们发现不了。

第三，每年总有这样或那样的不正常事件发生。一旦人们对这些不正常进行调整，那就没完没了。

出于这 3 个原因，我更喜欢把历史的经营业绩仅仅当成历史业绩。我不会设法去清理它们，并假设这种经过净化的版本会反复出现。

有了负债股权比率，正常化便没有意义。重要的是这个数字的最新版本。如果去年的这个数字比现在的低，那么这个事实说明，现在的债务同样繁重。

我们在计算 7 个业绩指标时，最终会得到实际的数字。想一想已动用资本回报率，它可能是 9%，也可能是 19%。哪个好，哪个不好？答案可以在股票市场中寻找。

我生于 1967 年，自我出生的那一年以来，股市的年均回报率为 10.2%。这是将 1967—2015 年的标准普尔 500 指数的总回报率进行几何平均得来的值。人们只要购买了一只简单的低成本的指数基金，比如先锋 500 指数基金（Vanguard 500 Index Fund），便可以获得那样的业绩。

第 2 章曾指出，优秀的投资者常常怀着购买整个公司的心态来进行基本面分析。现在就采用那种视角，想象你把公司的所有股票全都买下来，并且不再到股票交易所交易。没有更多的股票报价了。随着时间一年一年过去，你可以期待获得怎样的回报？

你有望获得公司的净利润。随着时间的推移，这个数字将通过折旧准确地反映已磨损设备的替代成本，或者说维护性资本支出。年复一年，这种净利润与已动用资本之间的关系，可能掌控着回报率。如果那个数字平均每年没有达到 10.2%，那么这家公司就不值得购买。毕竟，先锋 500 指数基金都可以达到那样的回报率。

当然，已动用资本回报率不会使用净利润作为分子，而是使用数额更大的营业利润，这其中没有包括税费和利息费用。因此，对于已动用资本回报率，如果以 10.2% 作为基准，未免太低了。我以 15% 为基准，这是我对标准普尔 500 指数年均回报率做出的粗略估计，假如该指数的 500 家组成公司都不必支付利息费用或税费的话。

已动用资本回报率能够成为对照股市平均业绩的有意义的基准，其中的缘由可能是违反直觉的。毕竟，已动用资本回报率和股价没有关系，而股市的回报率与股价关系密切。从长远来看，可以找到这方面的解释。

通货膨胀影响巨大，它导致公司的经营数据上涨，包括营业利润、设备替代成本等。但是，为该公司支付的价格没有上涨。它已成历史。随着支付价格逐渐成为过去，通货膨胀使之看起来越来越低。

如果一位投资者用700万美元购买了某家公司，上一年度产生了100万美元的营业利润，这个购买价格起初给人的感觉还不错。但是，过了30年后，年度营业利润为250万美元，那么最初的购买价格就没那么令人满意了。

30年间，100万美元变成250万美元，意味着年均增长率大约为3%，这只是通货膨胀的水平。如果企业价值有真正的增长，那么最初的700万美元的购买价格可能看起来是个错误。

已动用资本的自由现金流量回报率的情况怎样？出于同样的原因，它可以用股票市场的回报率来对标。但由于存在正常现金周期，10.2%太高了，我使用8%。

增长指标也需要基准：完全稀释每股的账面价值增长可能达到1%，或者11%；完全稀释每股的自由现金流量增长可能达到4%，或者14%。哪个是好的？

可以将通货膨胀作为一条绝对的基准线来考虑。如我们提到的那样，最近几十年，美国的平均通货膨胀率约为3%。因此，如果我们发现哪家企业的增长率低于3%，那它可能是一家正在萎缩的企业。这是因为，财务报表上的数字是有名无实的，它们没有对通货膨胀进行调整。所以，像这样的企业实际上根本没有增长。

这并不是说4%的增长率就表明企业呈现了令人兴奋的增长，只是说采用更高的基准才合适。但是到底要高多少，人们意见不一。

对标负债股权比率则难得多。这既是由于回购的扭曲效应，也是由于各公司之间的利息成本可能差别极大。一般来说，我希望负债股权比率不高于2。但是，如果其他所有的业绩指标都很好，而且公司正在以低利率借贷，用于回购定价较低的股票，我也可以容忍高达7的负债股权比率。

使用电子表格，可以简单直接地计算全部7个业绩指标。真正需要从每年的财报中提取出来的数字，基本上只有12个。从利润表中，要提取的数据是营业利润，可能还有利息费用。从现金流量表中，要提取的数据包括经营活动现金流量和资本支出。从资产负债表中，要提取的数据包括现金、商誉、无形资产、总资产、应付账款、递延收益、应计费用、总负债、所有者权益。唯一需要增长的数字是完全稀释股份数量，也许还有实际税率。

有时候比这还简单。也许好几个数字已经整合到一行之中，比如递延收益和应计费用等。不过有时候会更难，比如需要将经营租赁资本化的时候。但总体来说，这一过程是可控的，而且这些数字背后的历史细节，值得我们花这么多功夫去分析和钻研。

有的时候，业绩指标是负值。例如，平均的已动用资本的自由现金流量回报率或者完全稀释每股的账面价值增长可能是负值。另一些时候，业绩指标可能就是那么平淡无奇。已动用资本回报率也许是7%，完全稀释每股的自由现金流量增长也许只有1%，而且没有其他的补充性的增长指标来印证。出现这些情况，不要为那些业绩平平的公司找借口。价值投资的模型，就是专门用来标记它们这些公司的。如果某家企业看起来不好，就不要再进一步考虑了。还有其他许多企业更值得你关注。

要记住，业绩指标是历史的，它们测量过去已经发生的事情。如果某企业的增长率达到10%，只是意味着这家企业过去的增长达到10%，并不一定现在及未来也以10%的速度增长。我接下来将介绍一系列不同的工具，帮助你们观察事情将来可能会如何发展。

总结

企业的历史业绩可以用7个指标来测量：

1. 已动用资本回报率（ROCE）。

2. 已动用资本的自由现金流量回报率（FCFROCE）。

3. 完全稀释每股的营业利润增长（△OI/FDS）。

4. 完全稀释每股的自由现金流量增长（△FCF/FDS）。

5. 完全稀释每股的账面价值增长（△BV/FDS）。

6. 完全稀释每股的有形账面价值增长（△TBV/FDS）。

7. 负债股权比率。

第11章 过去的业绩

案例研究

盖璞服饰，第五部分

为盖璞服饰计算这 7 个历史业绩指标，并不复杂。我们已经从第 7 章到第 10 章中获得了一些 2015 年的重要数据，现在把更早年份的那些重要数据添加进来，以便取平均值，将结果正常化，我一直追溯到 2011 年。①

第一个指标是已动用资本回报率，其分子是营业利润。在第 8 章，我们确定了 2015 年的这个数字是 1 751 729 781 美元（已经为经营租赁资本化而调整）。我把再往前追溯 4 年的营业利润添加进来时（也全都为经营租赁资本化而调整），得到的数值是 10 345 414 998 美元。这就是 5 年期的分子。

此外，还应当计算最近 4 年的分子，原因马上就会介绍，其数值是 8 643 310 597 美元。

分母是已动用资本。这里有 4 个版本，全都实现了经营租赁资本化。将 2011—2015 年的结果累加起来，到第 5 年期末时，得到的含现金总额是 55 993 144 241 美元，不含现金总额是 48 253 144 241 美元。注意，这两个数值都是用于 5 年期的。因此，它们的分子也必须是 5 年期的营业利润。

由于年初的数据基于上一年度的资产负债表，而我没有从 2010 年的资产负债表中提取数据，所以我只有 4 年的数据用来计算年初的已动用资本总额。这样一来，期初含现金的已动用资本为 44 191 899 718 美元，期初不含现金的已动用资本为 37 821 899 718 美元。这些数值的分子是 4 年的营业利润。

我计算出来的 4 个已动用资本回报率的指标分别是 18%、21%、20%、23%。也就是说，即

① 请登录这个网址查询：http://www.goodstockscheap.com/11.1.xlsx。

使是最差的情况，平均的已动用资本回报率也为 18%。这已经远远高于我的 15% 的标准了，因此我对盖璞服饰感兴趣。

第二个指标是已动用资本的自由现金流量回报率。分子是杠杆自由现金流，为进行经营租赁资本化而调整后，5 年的总计金额为 10 521 585 002 美元，4 年的总计金额为 8 783 689 403 美元。因此，4 年里平均已动用资本的自由现金流量回报率分别为 19%、21%、20%、23%。最低的回报率也有 19%，远高于我确定的基准回报率 8%。所以，我还是对盖璞服饰感兴趣。

第三个指标是完全稀释每股的营业利润增长。由于我提取了 5 年的数据，所以能够连续 4 次计算逐年的增长率，分别是 2011—2012 年、2012—2013 年、2013—2014 年、2014—2015 年。我把这 4 年的增长率进行几何平均后，得到了 7% 的数字。这大幅高于通货膨胀率，因此这家公司看起来没有萎缩。但到 2015 年，公司的完全稀释每股的营业利润增长为 –19%。

当盖璞服饰正以高利润的企业形象浮现在我眼前时，它却由于不确定的原因停止了增长。

第四个指标是完全稀释每股的自由现金流量增长。4 年的平均值为 10%，这比之前的数据更好些，而且远超通货膨胀率。但同样地，2015 年出现了 –17% 的完全稀释每股的自由现金流量增长。企业虽有盈利但不断下滑的形象仍继续存在。

第五个指标是完全稀释每股的账面价值增长。4 年的平均值为 4%，比通货膨胀率稍高一点儿。是不是股票回购降低了分子？是的，2015 年度的 10-K 报表详细描述了一个宏伟的回购计划。是不是派发了分红呢？是的，报表中列出了分红的派发情况。正是分红的派发，使得账面价值下降。2015 年度的完全稀释每股的账面价值增长，是不是也和其他 4 个增长指标一样出现

第 11 章 过去的业绩

了下滑？是的，这一比率为 –9%。

鉴于所有这些正在发生的情况，我们难以从完全稀释每股的账面价值增长这个指标得出一个确定的结论。但是，能够认识到某个指标在某种特定情况下是没用的，这种认识才有宝贵的价值。

第六个指标是完全稀释每股的有形账面价值增长。4 年的平均值为 3%，到 2015 年，它变成了 –11%，这很低了。但同样要看到的是，存在大量的股票回购与分红。

第七个指标是负债股权比率。2015 年的资产负债表显示，总的流动负债是 2 535 000 000 美元，总的长期负债是 2 393 000 000 美元。把这些累加起来，总负债是 4 928 000 000 美元。从总资产 7 473 000 000 美元中减去总股权 2 545 000 000 美元，也得到 4 928 000 000 美元这个同样的结果。理应如此。

总负债除以总股权等于 194%。换句话讲，盖璞服饰的负债几乎是其股权的 2 倍。这很高吗？不见得，特别是最近，在低利率的环境下，盖璞服饰以 1% 的利率借了 4 亿美元的贷款，我们在第 7 章曾经介绍过。此外，盖璞服饰的回购计划也缩小了它的股本基础，从而增大了负债股权比率。

不过，它实际上可能还高些。人们可能决定在分子中包含经营租赁资本化的现值。毕竟，这是对债务的估算。如此一来，整个公司的负债将上升至 10 621 244 523 美元，而负债股权比率将上升至 417%。

总体来讲，盖璞服饰的历史业绩指标描绘了一幅清晰的画卷。这家公司的盈利能力高于平均，债务水平可控，但它停止了增长。这样一来，作为一项投资它的吸引力或多或少受到影响，部分的原因在于，之前的增长势头到底能不能恢复。这类问题是价值投资模型以后会解决的问题。这些数据不但讲述了过去的故事，而且还告诉我们将来要着眼于何处。

有些读者可能会对我对盖璞服饰公司的计算提出异议。例如，他们可能发现，我使用的折现率太低或太高了，这是意料之中的。对一家公司进行定量分析，可能涉及数百次微小的判断。从统计学的角度来看，几乎不可能让别人找不到任何纰漏。重要的是，我明白我的选择是什么，这样一来，我便能保证自己可以做出更好的决策。

第 12 章　未来的业绩

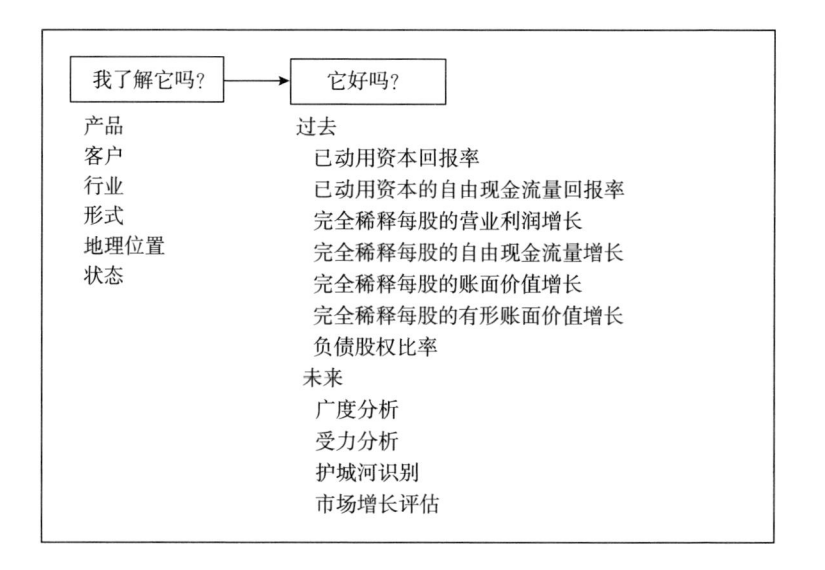

```
┌─────────────────────────────────────────────┐
│  ┌──────────┐    ┌──────────┐               │
│  │我了解它吗?│───▶│ 它好吗?  │               │
│  └──────────┘    └──────────┘               │
│   产品             过去                       │
│   客户               已动用资本回报率         │
│   行业               已动用资本的自由现金流量回报率│
│   形式               完全稀释每股的营业利润增长│
│   地理位置           完全稀释每股的自由现金流量增长│
│   状态               完全稀释每股的账面价值增长│
│                     完全稀释每股的有形账面价值增长│
│                     负债股权比率              │
│                   未来                       │
│                     广度分析                 │
│                     受力分析                 │
│                     护城河识别               │
│                     市场增长评估             │
└─────────────────────────────────────────────┘
```

　　如果某家企业历史业绩优良，那么，下一步是看看它是否可以保持下去。这更难一些，因为目前我们看不到将来的会计结果。因此，我们转而求助战略分析（strategic analysis）。具体来讲，4 种定性的工具将有助于评估公司未来的前景。

第一种定性工具我称其为广度分析（breadth analysis）。它提出两个问题。第一，公司的客户基础是不是庞大，客户之间是不是不可能联合起来？第二，公司的供应商基础是不是庞大，供应商之间是不是不可能联合起来？如果这两个问题的回答都是"是"，这家企业才算是好的。

我把庞大的客户基础定义为：没有任何一个客户带来的收入占到整个公司营业收入的10%。同样，我把庞大的供应商基础定义为：没有任何一个供应商产生的成本占到公司产品销售成本或营业费用的10%。

我们容易理解为什么可持续的、庞大的客户基础与供应商基础如此重要。假如某家公司只有两位客户，每位客户带来的收入占到公司整体营业收入的一半，那么失去其中一位客户，可能给营业收入带来灾难性的打击。失去这位客户的原因是什么，或者说公司是不是应受这样的损失，已经不重要了。只要是发生了这样的事情，就已经够受的了。

但是，假如公司有1 000位客户，每位客户带来的收入只占到公司整体营业收入的1‰，那么失去一位客户，根本无足轻重。当然，优秀的企业会努力搞清楚这位客户为什么离开。但是，公司本身能够轻松消化掉这种短期的财务效应。

供应商基础也一样。如果只有一位供应商为你的公司提供一种关键的原材料，那么，配送出现任何中断，都将是个问题。

不过，也有一种例外情况。好的公司可能有意识地在有限的几家供应商那里集中采购。这可以产生批量折扣，也能获得优惠服务，这是其他采购方式做不到的。但是，这也许导致某位供应商过于重要。尽管如此，如果有好几位潜在供应商备选，那么公司仍然可以享受庞大的供应商基础带来的经济效益。可替代供应商的存在，使得当前受青睐的供应商保持最佳行为。

分析客户广度是简单的。年报通常包含一句清晰的声明，比如"没有任何一个客户带来的收入占我们营业收入的10%"。如果找不到这样的声明，意味着没有这种令人高兴的情况。

分析供应商广度则难一些。年报经常绕过这个话题。年报很少声明，总成本中有多少份额流入它们最大的供应商。因此，通常情况下，最好是想一想企业需要购买些什么。它的存货是必须采用某个特定的品牌，还是任何品牌都可以？关键的零部件究竟是来自一个财阀控制商业的国家，还是来自全球？有资质的工人是不是稀缺并加入了工会组织，且数量众多并易于培训？

有时，在判断供应商基础时投资者会产生错觉。例如，10-K报表可能会说，某公司"从100位供应商手中采购"。不要对这样的声明信以为真。拥有100位供应商的企业，可能依然只从其中一位供应商手中购买一半的原材料和其他物品。

广度分析能够迅速排除危险。2007年年初，我关注一家位于纽约市的消费者抵押贷款机构，名叫Delta Financial Corporation。该公司帮助具有不良信用记录的人买房，并且以一种让我满意的谨慎方式开展业务。我了解这家公司，而且对它过往的经营业绩感到满意。

只要 Delta Financial Corporation 发放一笔贷款，它就将其证券化。它在住房抵押贷款支持证券市场中出售贷款，并且将收益用于发放其他贷款。我把这家公司的产品视为资产，而贷款的买家则是产品的供应商。贷款的买家有很多，所以乍一看，供应商基础似乎比较庞大。

但接下来，我开始把住房抵押贷款支持证券市场本身作为 Delta Financial Corporation 的供应商。它最近变得庞大起来，它也是这一过程中的关键渠道。市场的运转出现任何中断，都将给 Delta Financial Corporation 带来麻烦。因此，我排除了这家公司。

请注意，我不是在预测利率、计算违约率，或者做一些花哨的事情。我只是注意到，这家公司过度依赖被视为单一供应商的住房抵押贷款支持证券市场。几个月后，当金融危机开始席卷全球时，住房抵押贷款支持证券市场确实失灵了。Delta Financial Corporation 由于不再具备将抵押贷款证券化的能力，申请破产了。

我很少能够如此准确地预测公司破产。在这方面，Delta Financial Corporation 是非同寻常的。但是它的典型之处在于，通过直截了当却可靠的广度分析工具，可以发现不稳定的情况。

第二种定性工具我称其为受力分析（forces analysis）。哈佛商学院教授迈克尔·波特（Michael Porter）于 1979 年提出了"波特五力模型"，我这里介绍的受力分析是对波特教授的模型的再现。

第 12 章 未来的业绩　　131

波特教授原创的模型可以衡量一个行业内的竞争强度，以及该行业公司由此产生的盈利能力。我的版本使用其中 4 个力来估算公司的盈利前景。人们确定其中每一种力到底是强还是弱。这些力越弱，公司的盈利能力越强。

波特教授用投入资本回报率（return on invested capital，简写为 ROIC）来测量盈利能力。他计算的方式，与我最喜欢的已动用资本回报率的盈利能力指标几乎一模一样。

第一种力是购买者的议价能力（bargaining power of customers）。如果购买者要求降低产品价格或者缩短交货时间，能满足他们的要求吗？

3 个因素可能降低购买者的议价能力。一是购买者的数量，购买者越多，他们议价的能力越弱。如果广度分析表明了公司具有足够庞大的购买者基础，那么购买者的议价能力也许较弱。

二是向后整合（backward integration）的不可能性。当某位购买者向后整合时，他便开始做某些过去由公司来做的事情。如果购买者不可能向后整合——例如，因为这可能需要远远超出其核心业务的能力——其议价能力就较弱。

三是较高的转换成本（switching costs）。如果某位购买者转到公司的竞争对手那里时会产生较大的费用——例如，因为他的业务与公司的业务密切地整合在一起——购买者的议价能力就会较弱。

美国的船用配件零售商 West Marine 就是一个例子。2011

年，在其最大的竞争对手破产后，我分析了这家公司的情况。我发现，购买者根据其他零售商在网上报出的价格，有效地压低了West Marine公司产品的售价。更糟糕的是，还存在"展示厅现象"（showrooming），即购买者在West Marine的实体店里看好产品，然后从价格更低廉的互联网店铺中购买。这损害了West Marine的盈利能力，因此它迫不得已向购买者提供折扣。

当然，购买者不可能通过自己制造救生圈和舷外马达来进行向后整合，但他们有着较低的转换成本，而且有其他许多商店在销售船用配件。所以，West Marine公司的购买者的议价能力强。意料之中的是，自从我5年前首次关注这家公司，它的股票价格始终没有上涨。

与之形成鲜明对比的是美国国际香料香精公司（International Flavors and Fragrances, Inc.）。这家公司生产专有的混合物质，使得一些品牌的食品和香皂产生它们标志性的口味和气味。一旦某家食品制造企业或香皂制造企业决定要将美国国际香料香精公司的产品增加到配方中，那么制造商的购买者们便开始期待这种特殊口味或气味带来的感觉。久而久之，这使得美国国际香料香精公司能够提升产品价格，这从它持续的盈利能力中可见一斑。和West Marine的购买者相比，美国国际香料香精公司的购买者的议价能力较弱。

第二种力是供应商的议价能力（bargaining power of suppliers）。如果供应商提高价格或者要求更快付款，公司可以让步吗？

降低供应商议价能力的因素与降低客户议价能力的因素相同。一是供应商的数量，数量越多，议价能力越弱。如果广度分析表明了公司具有足够庞大的供应商基础，那么供应商的议价能力也许较弱。

二是向前整合（forward integration）的不可能性。当某位供应商向前整合时，它便开始做某些过去由公司来做的事情。这种情景越是难以想象，供应商的议价能力就越弱。

三是较低的转换成本。公司更换供应商的成本越低，供应商的议价能力就越弱。

以卡夫亨氏公司（Kraft Heinz）为例。卡夫亨氏公司是全球第二大食品公司，其四大系列核心产品为咖啡、糖果、乳制品及饮料。它从大宗商品（如牛奶、糖、番茄等）中生产这些产品，这些大宗商品可从数量庞大的全球供应商手中购买。如果某家供应商无法按计划交货，或者无法满足成本要求，那么卡夫亨氏公司可以选择其他供应商。供应商数量众多。卡夫亨氏的营业利润一直不错，部分的原因是供应商的议价能力较弱。

第三种力是替代品的威胁（threat of substitutes）。替代品有3种形式。一是直接替代品或是由现有竞争对手提供的类似产品。二是新旧产品并存，这是一个经济学概念。三是完全不同却有着相同基本功能的产品。

想一想安讯士（Axis）公司。这家公司位于瑞典，生产数字视频监控摄像头。该公司产品的直接替代品是松下、三星以及其他竞争对手生产的数字视频监控摄像头。

如果说新旧产品并存，则意味着原来的技术对购买者有黏性，比如模拟的视频监控摄像头。或者，购买者也可能完全放弃电子安全系统。这也许是理性的选择，接受由于没有安装监控系统而导致被盗的代价，而不是投入更多成本来安装数字视频监控系统。

完全不同却有着相同基本功能的产品，可能包括围墙、保安，以及热感应器等一些非视频的安保方式。

两个因素可以降低替代品的威胁。第一，如果替代品带来的价值低于公司产品的价值，那么威胁较小。第二，如果购买者选择替代品时要产生较高的转换成本，那么威胁也较小。

第四种力是新进入者的威胁（threat of new entrants）。新进入者既以初创公司为形式，也以现有公司新开设的分公司为形式。新进入者出现的可能性越小，它们构成的威胁也越小。

新进入者的威胁不同于进入壁垒（barriers to entry）。这是一种进入壁垒外加成功壁垒（barriers to success）。两者必须同时存在，才构成强大的威胁。假如新进入者可以容易地开展业务，但是没有机会打开市场，那就不是一个很大的威胁。

公司可能具备一些特点，使潜在的新进入者望而却步。一是规模经济，公司的产量可能使单位产品的成本比新进入者更低。二是较高的客户转换成本，使新进入者要付出昂贵代价。三是难以获得许可，假如公司所在的行业监管严格。

为了有效地运用受力分析，人们必须做出决定，必须明确地区分每一种力量到底是强还是弱。如果是中等，便没有意义。要确定每一种力到底是偏强还是偏弱。

如果作用在公司之上的 4 种力都较弱，那么可以进一步考虑投资这家公司。如果两种或更多的力比较强，那就不值得投资，应该停下来。在这两种极端情况之外，存在许多相互竞争的情形，要求我们做出某种判断。如果我们经验丰富，判断起来会更容易些。如果存在疑问，就停止分析，找另一家公司来看看。

我经常停止分析。2015 年年初，我分析了一家领先的视频游戏连锁店，名叫游戏驿站（GameStop）。这家连锁店供应商的议价能力使我停止分析。原来，2014 年，在游戏驿站新购买的库存产品中，有 3 家供应商各自所占份额均超过 10%，分别是索尼、微软和任天堂。这原本不足为奇，但是当这些供应商中的某一家推出了一款新游戏时，游戏驿站必须买入并保存下来，这就使得其供应商的议价能力很强。

另一种让我担心的力是替代品的威胁。尽管众多新款的视频游戏仍然在实体店销售，但越来越多的游戏已经数字化，在网上销售。当然，游戏驿站也运营着一些网站，在网络这个虚拟空间中展开竞争。但这个趋势证明，替代游戏的下载对公司的核心业务威胁极大。

由于游戏驿站至少面临着两种强大的力量，因此我没有进一步考虑。从那以后不到两年时间，这家公司的股价就下跌了。时间之短，几乎没有给人们足够的时间来引用市场作为验证。

波特教授原创的波特五力模型十分伟大，许多优秀的投资者都原封不动地运用它。但由于它是被设计用于分析某个行业而非某家公司，所以我更喜欢调整后的版本。不管人们青睐哪一个，这些用于评估竞争力量的框架，在预测公司未来的盈利能力方面起着关键的作用。

第三种定性工具我称其为护城河识别（moat identification）。护城河是保护企业不被竞争所累的一道屏障，是一种持续的防御举措。

绝大多数企业没有护城河，有护城河的情况很罕见。我们很少发现某家企业的历史业绩指标极其优异，同时还受到护城河保护的情况。

如果一家公司确实有护城河，那么护城河总有它的源头，一个唯一可辨别的源头。一般说来，护城河的源头可能有6种。

第一种是政府（government）。政府授予某些公司特定的权利。想一想总部在西雅图附近的林地不动产投资信托公司惠好公司（Weyerhaeuser）。惠好公司的一项业务是管理加拿大的5.7万平方千米的森林。

这些森林并不是惠好公司拥有的，只是由它来管理。每一片森林都由它们所在加拿大的各省所有。因此，将森林的管理许可权授予惠好公司的，是加拿大各省政府。

这些许可权十分宝贵，使得惠好公司拥有专属权来砍伐森林并销售木材。每次许可持续的时间长达15~25年之久，而且还可以接续。如果某家竞争的公司想要管理这些森林，哪怕只是申请，也不得不等待很长时间。由于这种来自政府的护城河，惠好公司得到了保护。

第二种是网络（network）。网络上累积了大量的用户或者客户。如果网络带来了一种产品效益，且这种效益源自该产品的其他用户，那么网络就成了公司的护城河。

想一想总部位于旧金山附近的脸书。人们注册脸书账号后，可以与朋友保持联系、分享照片，并且和他们喜欢的人交流。当在脸书上拥有众多的联系人时，他们也就每天会锁定这个网站，如果离开，便会失去一种与他人交流的方式。他们为脸书带来了源源不断的页面浏览量，然后脸书再将其出售给广告商。

要推出一家与脸书竞争的社交网站，从技术层面上讲并不难。但要把用户从他们已经在脸书构建好的朋友圈中挖走，并非易事。

第三种是成本（cost）。有时，某家公司具有较低的成本结构，能以比竞争对手更低的成本来生产产品。较低的成本结构可能来自专属的制造技术、低价格的运营方法，或者是某段奇妙的历史。以韩国的钢铁制造厂商浦项制铁公司（POSCO）为例。浦项制铁公司是韩国政府于20世纪60年代建设的，当时韩国政府认为需要在国内建设一座钢铁制造厂。

韩国为这家新企业的建设给予了土地。注意，是给予。而且，不只是土地。浦项制铁公司还位于深水海岸线附近，这使得公司不必产生任何内陆的运输成本，便能获得航运而来的铁矿石和煤，两者在钢铁制造中都是至关重要的原料。

将这段幸运的历史与美国钢铁公司（U.S. Steel）进行一番

对比，你便能知晓其中的差别。美国钢铁公司是美国最大的钢铁制造商，但它在建厂之初不得不购买土地。不论美国钢铁公司从事什么业务，它都不可能具备像浦项制铁公司这样位于海岸线附近的厂房所带来的成本优势。丝毫也不用感到惊讶，浦项制铁公司被认为是钢铁行业中单位制造成本最低的厂家之一。

第四种是品牌（brand）。有些品牌十分强大，以至于客户很少会考虑使用替代品。一个例子是瑞士的食品制造商雀巢（Nestlé）的方便面业务，雀巢在这个产品类别中的品牌是美极（Maggi）。在印度，方便面格外受欢迎，美极这个品牌占据了印度市场的半壁江山，这是巨大的市场份额。事实上，美极这个品牌在印度已经到了家喻户晓的地步，许多人在提到方便面时不称"方便面"，而是称"美极"。这强烈表明该品牌已经足够强大，可以把许多潜在竞争者挡在市场之外。

在识别护城河的源头时，品牌可能比其他源头（政府、网络或成本）更难识别。品牌有一种更柔和、更微妙的特性。衡量品牌优势最容易的办法是询问目标市场中的人。

印度人民意识到了美极的品牌优势。但是，对这个国家不熟悉的投资者，可能察觉不了这一点。美极在印度占主导地位的市场份额（这是一个与印度没有联系的投资者也可以识别出来的），并不表明它本身就是一条护城河。毕竟，假如设定促销价格，也可以占据绝大部分市场份额。那么，远方的投资者怎样才能知道某家公司是否具有源于品牌的护城河呢？

方法是与目标市场中的人交谈。在进行这样的交谈时，投资者不要说出目标品牌的名称，然后看一看对方是怎么提到这个品牌的。投资者要用不会帮助对方回忆的问题，比如"你最喜欢的方便面品牌是什么？"。

诚然，一位住在加州帕洛阿托市的投资者在研究雀巢时，可以轻松地找到美极目标市场中的人，毕竟这个地方有许多来自印度的移民。我只是询问了我足球队中的朋友。但是，有进取心的投资者通过熟人和社交网络，也可以接触到任何目标市场的人。

第五种是转换成本。高额的转换成本可以产生强大的客户保持效应。以位于旧金山附近的数据库软件公司甲骨文（Oracle）为例。甲骨文公司的客户在甲骨文的系统上保存了数年的数据，并且将这些系统与自己的业务运营深度整合起来。如果某家公司想要使用别的数据库软件，需要购买新的硬件、重新培训员工、停机，并且重新整合全套流程。由此带来的费用十分高昂，许多客户不会考虑更换数据库软件系统的供应商。

第六种，我称之为根深蒂固（ingrainedness）。它和品牌相似，但针对的是渠道而非最终用户。当公司是价值链上一个不可分割的部分，以至于人们难以想象这个行业如果没有这家公司会是什么样子时，那么这家公司就在乐享这种"根深蒂固"的优势。

以瑞士的管道组件制造商吉博力集团（Geberit）为例。该公司成立于 1874 年，它做了以下几件事将自己融入专业管道维护业务链条中。比如，吉博力集团提供培训和资质认证，并且分发免费的项目软件，这些软件自动指定了公司的组件。类似这些项目，将公司的产品与服务深深嵌入渠道合作伙伴的业务运营中，而竞争者想要抢夺市场份额，将面临严峻的挑战。

和品牌一样，根深蒂固这种优势，渠道以外的人难以看出来。除非是欧洲的管道工人，否则很难看出吉博力集团的这种优势。因此，再强调一次，聪明的投资者会与渠道中的人交谈。他们向对方提一些开放式的问题，看对方会不会说出自己正在观察的某家公司名字。

但普通的投资者很少这样做。说到护城河，大多数企业没有这样一道屏障。

第四种定性工具我称其为市场增长评估（market growth assessment）。这是简单直接地观察公司的市场是不是在扩张。这很重要，因为在其他所有条件相同的情况下，和市场没有扩张的企业相比，市场正在扩张的企业有着更加光明的未来。

计算准确的增长率，没有必要。只要大致了解某公司产品的需求正在增长，就足够了。这可能基于一种认定客户群在增长的基本理念。

很好地预测增长，需要一定程度的克制。因为到这个时候，投资点子已经经历了价值投资模型中的好几个阶段，在投资者眼中或许开始显得有些闪闪发亮了。市场增长评估，为这种热情的进一步迸发奠定了基础。这种现象的解药，就是简单地保持客观，不要被向上倾斜的曲线冲昏了头脑。

这4种定性工具之间显然存在一定的重叠。例如，供应商广度分析，给人的感觉很像是供应商的议价能力。护城河的辨别，很大程度上有赖于替代品的威胁。但是，一定的重复是有益的，它降低了投资者没有察觉到某个重要因素的可能性。

正如这4种工具清晰展示的那样，定性预测是我在评估公司前景时最喜欢的方法。但许多人更喜欢定量预测，包括使用电子表格来计算预期的营业收入、利润、利率等。这是对未来一段时间财务报表的虚构。我不喜欢这种方法，原因有两个。

一是，这很难。对价格、成本、市场份额进行预测，真的很难，通常只是披着数学外衣的猜测而已。

二是，这可能是一种自欺欺人的行为。那些虚构的报表，看起来非常正式。它们可能带来了一种导致人们误把精确性当成准确性的风险。事实上，我们不可能准确地知道未来的财务状况会是什么样。但如果某家公司拥有了良好的经营历史和坚实的战略定位，那它将来很有可能会发展得很好。

> **总结**
> 用4种定性工具来评估公司的前景，这4种工具是：
> 1. 广度分析。
> 2. 受力分析。
> 3. 护城河识别。
> 4. 市场增长评估。

> 受力分析需要评估以下4种力的强弱：
>
> 1. 购买者的议价能力。
>
> 2. 供应商的议价能力。
>
> 3. 替代品的威胁。
>
> 4. 新进入者的威胁。
>
> 护城河在各公司中十分罕见，它有6种源头：
>
> 1. 政府。
>
> 2. 网络。
>
> 3. 成本。
>
> 4. 品牌。
>
> 5. 转换成本。
>
> 6. 根深蒂固。

案例研究

通力集团

通力集团（KONE）制造电梯和自动扶梯，并提供相应的服务。该公司总部位于芬兰，是世界三大电梯和自动扶梯供应商之一。公司产品主要售往亚洲和欧洲，超过1/3的客户来自中国。

通力集团的历史经营业绩十分亮眼。保守估计，平均已动用资本回报率超过20%，平均的完全稀释每股的自由现金流量回报率超过10%。战略分析可以帮助我们确定这种跑赢平均水平的业绩能不能继续下去。①

第一，进行广度分析。在谈到客户时，公司的年报指出，"通力集团的客户基础由大量在数个市场领域中的客户组成，没有任何一个客户的销售额占到通力集团销售额的绝大份额"。

这一声明并非十分理想，因为它没有确定"绝大份额"到底是不是10%或更大，但也够了。我们可以有把握地得出这样的结论：其客户基础已经得到了可接受的分散。

客户基础能不能实现整合？不可能。建筑物的所有者似乎没有这种掀起全球整合狂潮的可能性。

供应商的基础庞大吗？年报提供的表述还是不太完美，比如，"通力集团的绝大部分零部件供应商以及全球的供应能力都位于中国"。

因此，和往常一样，我们必须考虑通力集团需要购买些什么。将公司的业务分成产品与服务两大块，是有益之举。

通力的产品是电梯、自动扶梯以及零部件。在这方面，公司需要购买的是大宗商品原材料，比如橡胶、玻璃和钢材；同时，还需要购买分包商的服务来制造相关的电梯和自动扶梯零部件。大宗商品原材料的来源众多。而对于分包商的服务，虽然有些分包商确实比另一些更好，但市场上也存在很多的潜在分包商。

通力集团的服务主要是维护与维修电梯和自动扶梯。在这方面，集团需要购买的是劳动力。劳动力的资源有多紧俏呢？首先，要成为一名电梯维修技工，明显需要经过一定的培训，但这种培训不像医生的培训那么漫长。总的培训时间可能长达数月或1年，但也不至于长达10年或更久。换句话讲，通力集团的维护与维

① 请登录这个网址查询：http://www.goodstockscheap.com/12.1.htm。

修的劳动力资源是可以发展和扩大的。

劳动力有没有加入工会组织？在世界上大多数地方，他们的确是工会中的一员，但不像航空公司的飞行员那样，既加入了工会组织，又需要接受长达数年的培训。因此，虽然从外部投资者的视角来看通力集团服务供应商的基础不甚理想，但也足够庞大，不可能充分地整合，可以令人满意。总的来讲，广度分析给通力集团颁发了"健康证明"。

现在，大家也许明白，我一直在四处寻找关于通力集团的信息，而不仅仅是关注其年度报告中的信息。而且，我的信息来源每个人都可以获得。我马上会详尽解释。

第二，进行受力分析。同样，将通力集团的业务分成产品与服务两大块，先从产品来分析。

首先是购买者的议价能力。广度分析清晰地表明，通力集团有许多客户。此外，这些客户不可能向后整合。建筑物的所有者以及房地产开发商不会去创办电梯制造公司，因为"隔行如隔山"，创办电梯制造公司所需的专业技能，与管理高楼大厦或者开发房地产所需的专业技能完全不同。可以肯定的是，资本设备的销售是有竞争力的。总体来讲，通力集团产品客户的议价能力是弱的。

然后是供应商的议价能力。广度分析表明，供应商的基础是可持续分散的。除此之外，我们难以想象玻璃制造厂或零部件的分包商向前整合，来从事电梯业务。另外，通力集团可以在不发生显著的转换成本的前提下更换供应商。比如，通力集团的年度报告指出，公司着重"做好准备将关键部件的制造从某一条生产线或某一位供应商转移到其他的生产线或供应商"。因此，通力集团供应商的议价能力较弱。

第 12 章　未来的业绩

接下来是替代品的威胁。购买电梯产品的客户，可以轻松地选择与通力集团竞争的公司。房地产开发商或建筑物的业主可以从好几家全球领先的电梯企业中购买新的电梯或自动扶梯。最大的几家电梯公司包括奥的斯（OTIS）、迅达（Schindler）、蒂森克虏伯（ThyssenKrupp）。

替代品的威胁的另外两种表现形式在通力集团的案例中并不适用，其中的原因，稍加解释便一清二楚了。"新旧产品并存"意味着不用电梯而使用楼梯。但居住在高楼大厦的人需要一种有效的方式抵达更高的楼层。即使所有的居民都步伐轻快有力，但大多数情况下，法律也要求高楼必须安装电梯，如《美国残疾法案》（the Americans with Disabilities Act）。至于执行"完全不同却有着相同基本功能的产品"，也许除了直升机或者升降机，没有别的东西可以替代电梯或自动扶梯了。两者中的任何一样都不切实际，不足以对电梯产品形成威胁。

但是，直接替代品的威胁是真实存在的，比如来自奥的斯、迅达和蒂森克虏伯等公司的电梯产品。因此，在产品方面，替代品的威胁较强。

最后是新进入者的威胁。当电梯发生故障时，可能造成十分严重的后果。电梯突然停止，将导致乘梯人背部受伤。电梯门无法打开，会使得乘梯人倍感恐惧。落入井道，则会导致乘梯人死亡。这些可能出现的情况，使得建筑物的业主和房地产开发商不敢相信没有名气的新进入者。这一行业的新进入者将不得不与一些已确立的品牌抗争，后者也许以安全而闻名。这样一来，新进入者的威胁较弱。

人们也许问，通用电器怎样呢？这可是一个深受信任的行业品牌。如果通用电器决定进军电梯业务，怎么样？或者，德国的西门子呢？

说的有道理。我说新进入者将受到阻碍，很大程度上只是我的观点。举例来说，在我看来，新的电梯制造商进入电梯市场，比新的薯片加工品牌进入薯片市场面临更大的挑战，毕竟在薯片加工业中，失败代价低一些。

但这些纯属我个人的观点。新进入者的威胁、用于经营租赁资本化的折现率、董事薪酬（director compensation）的合适性等，全都是个人的判断，主观性在所难免。这就是投资。

再看通力集团的服务业务，首先从客户的议价能力开始分析。大部分的通力电梯都有 1 年的保修期，因此，在刚刚购买电梯或自动扶梯的第一年，客户几乎不会考虑外部的服务机构。1 年以后，绝大多数的客户会与通力集团签订商业维护合同。当合同到期时，绝大多数的客户又会续约。

至于通力电梯的客户为什么更喜欢通力的服务，我们不难理解。首先，和独立的服务供应商相比，通力集团对其自身的产品拥有更及时的技术知识。除此之外，通力集团可能具有优先获得其专属备用零部件的权力。这正是通力集团在服务客户方面的议价能力较弱的原因。

现在再考虑供应商的议价能力。广度分析表明，通力集团的供应商基础是可持续分散的。尽管向前整合是可以想象的，也就是说，维修技工有可能离开通力集团去创办自己的修理厂，但这全都不是迫在眉睫的威胁。同时，若是维修技工离开通力集团，集团也能以较低的转换成本找来新的技工顶替。尽管这可能损失了沉没成本带来的收益，但通力集团无须因更换新的维修技工而遭受重大损失。出于这些原因，通力集团的服务供应商（即劳动力）的议价能力较弱。

接下来分析替代品的威胁。通力电梯的一些客户确实也使用独立服务供应商。但是，新电梯包含了 1 年的维护与维修。那么，在这段时间内，直接替代品的威胁就受到了限制。然后，客户的维护与维修合约的续签率较高。

这又在新的维护合同期内限制了直接替代品的威胁。实际上，只有在合同期限的"接缝期"内，这种直接替代品的威胁才真实存在。

至于其他类型的替代品威胁，在大多数情况下，"新旧产品并存"是非法的。政府强制要求对电梯进行维护。例如，在加州，工业关系部门要求每年对电梯进行检查。延期维护而导致检查失效，政府可能强制暂停建筑物的使用。至于执行"完全不同却有着相同基本功能的产品"，并不是很多。因此，服务的替代品的威胁较弱。

最后是新进入者的威胁。熟练的电梯维修工可能在当地开一家维修店，只需要少量资金，也只有几位客户。因此，进入壁垒并不高。成功壁垒同样也不高。小型的电梯维修店可能在其所在社区内产生良好的声誉。事实上，通力集团把收购这样的初创公司作为一项常规任务。2015 年，通力集团进行了 23 次收购，2014 年进行了 17 次。大多数被收购的是区域维修公司。这种收购模式，证明了新进入者的威胁较为强劲，至少在逐个市场比较的基础上。

通力集团受力分析总体情况如何？对其产品而言，只有 1 种强劲的力：替代品的威胁。特别是来自奥的斯等竞争对手的直接替代品的威胁。这种强大的威胁可能体现在对新设备销售的激烈竞标中。但是，另外 3 种力全都较弱。

对其服务而言，唯一强劲的力是新进入者的威胁。但这种威胁似乎局限于本地市场，另外 3 种力同样也较弱。因此，在聪明的投资者看来，通力集团会继续呈现良好发展态势。

第三，进行护城河识别。首先考虑通力集团的产品。该集团的电梯或自动扶梯的许多零部件都是专有的。因此，更换某个零部件，通常需要从通力集团购买，要么是直接购买，要么是通过本地经销商间接购买。

然后再关注通力集团的服务。多年来，通力集团因其卓越的技术知识和专有的零部件，享有其竞争对手不曾具备的优势。这正是服务合同续签率如此之高的原因。

所有这些因素，全都指向来自转换成本的护城河保护。假如通力电梯的某位用户不再从通力集团购买任何东西，那就得把电梯或自动扶梯从电梯井里拆除，换成另一个品牌的电梯。那代价未免太高昂了。

起初，政府似乎是通力集团一种护城河的来源。这是因为，政府机构要求对电梯进行维护。但是，政府并没有规定必须由哪家公司提供维护，这和加拿大的一些省级政府规定由惠好公司管理其林地的做法不一样。

但是，即使没有政府作为护城河，通力集团也有其他来源的护城河——转换成本。

第四，进行市场增长评估。相信人口将继续增长，也许足以得出这样的结论：通力集团的市场将产生令人满意的扩张。但是，另外两个发展趋势，意味着这家公司的发展还会更强劲。

第一个趋势是城市化。人们都移居到城市，城市的土地比农村的更贵。这激发了房地产开发商建设更高楼房的动力。更多的高楼大厦，意味着需要更多电梯和自动扶梯。

第二个趋势是老龄化。人们的寿命越来越长。随着人们慢慢老去，上楼梯变得越发艰难，因此老年人更多地居住在单层的公寓内，而不住在两三层的房子里。出于这两方面的原因，通力集团的市场增长潜力似乎是健康的。

总体上讲，从这 4 种定性分析工具的分析来看，通力集团是不错的。这家公司强劲的历史经营业绩有可能持续。聪明的投资者可以继续把通力集团放到价值投资模型之中。

我在电梯里唯一的角色是乘梯人。我绝不会买电梯、推荐电梯、维修电梯或者更换电梯。我是通力集团目标市场中的局外人。然而，使用这4种定性分析工具需要我对这个行业非常了解。为了做好这件事，我利用了两种资源。

第一种资源是通力集团的投资者关系部门。我给这个部门发电子邮件提了一些问题，比如集团销售的新电梯中，有多大比例的客户签订了服务合同？这些合同的有效期是多长？劳动力是不是参加了工会组织？我们向投资者关系部门提问时，最好提可以用事实来回答的问题。

我在第2章中提过，有的投资者关系部门很有帮助，有的则反应迟钝。通力集团的投资者关系部门就是个例子。部门的员工迅速且全面地回答了我的问题，让我受宠若惊。毫无疑问，这让我进一步对公司产生了好感。如我们提到的一样，投资者关系部门如何对投资者的问题进行反馈，本身也是答案的一部分。

第二种资源是目标市场中的人。例如，我打电话给一个位于加州的拥有数幢建筑的组织，询问了该组织中负责电梯维护的人。我向他解释，我正在研究一项针对电梯公司的投资，但对电梯一无所知，四处打听才知道他负责电梯维护，如果能向他了解一些这方面的知识，将不胜感激。由于我的真诚，我终于获得了经纪公司报告中绝不可能提供的一些信息与见解。

人们渴望得到别人的倾听。正因为如此，倾听是投资者最宝贵的工具之一。有了这样的渴望，那么只需要花些时间，你就一定能将洞见与普通甚至平庸的建议区分开来。

第13章　对股东友好

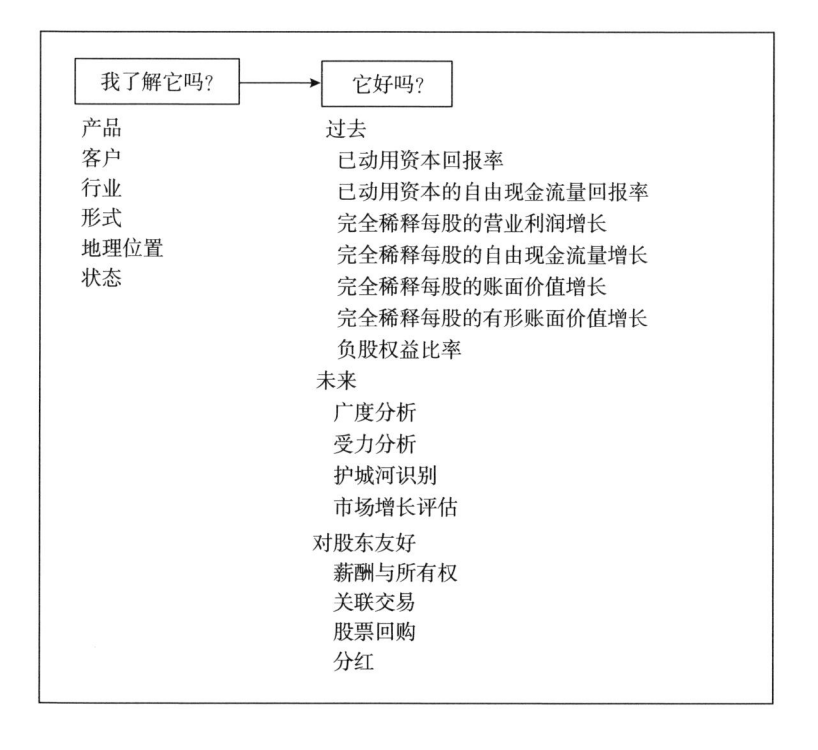

```
我了解它吗?  ──→  它好吗?
产品             过去
客户               已动用资本回报率
行业               已动用资本的自由现金流量回报率
形式               完全稀释每股的营业利润增长
地理位置           完全稀释每股的自由现金流量增长
状态               完全稀释每股的账面价值增长
                  完全稀释每股的有形账面价值增长
                  负股权益比率
                 未来
                   广度分析
                   受力分析
                   护城河识别
                   市场增长评估
                 对股东友好
                   薪酬与所有权
                   关联交易
                   股票回购
                   分红
```

如果从业绩指标来看，某企业历史业绩一直不错，同时，根据战略分析，该企业有可能将来继续保持良好业绩，那基本可以认为该企业不错。最后的检查点是该企业是否对股东友好（shareholder-friendly）。

对股东友好的企业，主要是为其外部所有者的利益而工作。它会以这种或那种形式将其自由现金流量发给投资者。衡量对股东友好的程度，是基于4个指标的定性过程。

这些指标不存在固定的基准。不存在一个门槛值，一旦超过，就可以认为该企业对股东友好。相反，这些指标必须一并考虑，以便做出某种判断，而随着实践经验越来越丰富，类似这样的判断将变得越发可靠。

第一个指标是薪酬与所有权（compensation and ownership）。高管和董事所挣的和所拥有的，构成了他们的激励机制。我们希望这些激励机制尽可能与我们的相一致。

在理想的情况下，高管挣着合理的工资，董事则因他们的兼职工作获取正常的酬劳。他们全都要用自己的现金，以市场价格购买公司的股份，这使得他们的持股占到他们净资产的大部分。

遗憾的是，现实与理想在以下几个方面相去甚远。首先，高管的工资通常高得惊人，8位数的薪酬福利司空见惯，尤其在美国。此外，董事每年的酬劳也经常接近6位数。

其次，股票期权也成了平常事。这些方案允许高管和董事以早年的低价格购买股票，然后马上售出。这使得高管和董事无须暴露在相应的下行风险面前而获得股价上行的好处。这种自动获益的安排，对投资者很不公平。任何有关调整他们激励措施的建议都显得可笑。

即使一个内部人士以市场价格购买股票，我们也很难知道这个人投资组合的资金量有多大。一位将自己 50% 的净值财富与公司捆绑在一起的 CEO，比起只将自己 5% 的净值财富与公司捆绑的 CEO，更有可能按照股东的利益来行动。但是，我们几乎不可能得知 CEO 等高管投资组合的权重。

在大多数国家，高管的薪酬必须披露。这种披露要么出现在年报中，要么出现在委托声明书等资料中。遗憾的是，高管薪酬的披露常常淹没在大量文字之中。在美国，一份长达 50 页的委托声明书，有整整 1/3 的篇幅会详细叙述管理层的薪酬。

一个捷径是搜索薪酬总表（summary compensation table）。这份简明扼要的表格清楚地说明过去 3 年每一位高管的薪酬总额。最右边的一列将高管的工资、奖金、基于股票的报酬等累加起来。

披露和批准是不同的概念。不论是审计人员，还是政府机构，都不能证实薪酬福利的适当性，那要留给投资者来判断。

我重点关注企业薪酬最高者的薪酬福利总额。我不关心其工资多少，奖金多少，股票价值多少。我知道，薪酬福利通常被装扮成老鼠迷宫尽头的奶酪，这正是我只想知道最大额的数字的原因。

我用浮动的准则来衡量这个数字。我当前采用的标准是，如果公司中薪酬福利最高者所取薪酬超过 3 000 万美元，或者超出自由现金流量或净利润的 5%，我不会对这样的公司感兴趣。公司的营业收入是多少，对我来说也不重要了。高管的房子大小，不需要与销量同步增长。

此外还要披露的是支付给董事会成员的薪酬。在委托声明书中搜索"董事薪酬"（director compensation）这个词。我要寻找支付给外部董事的最高薪酬。外部，还意味着他或她不是公司的全职员工。这通常是非执行董事（nonexecutive chair）或者首席独立董事（lead independent director）。

我在当前看的委托声明书中查到的薪酬最高的外部董事，每年获得的薪酬总额约为 25 万美元，这还不错。如果其薪酬超过这个数字的两倍，我会停止分析。

这些标准——高管的最高薪酬福利为 3 000 万美元，外部董事的最高薪酬为 50 万美元——在美国很有代表性。然而，在许多其他国家，这两个数额显得过高。例如，在挪威，大型上市公司的董事每年获得的薪酬普遍不到 10 万美元。因此，薪酬必须结合当地情况来考虑。

薪酬与长期股东回报之间的关联并不明显。令人震惊的薪酬方案如果已经常态化、制度化，那将同时影响业绩优异与业绩落后的公司。

此外，高管薪酬可能只是公司整体支出的一小部分。对一家年收入高达 10 亿美元的公司来讲，CEO 到底是年入 500 万美元还是 1 000 万美元，几乎没有什么直接的影响。而且，在每股收益的层面上，这种差别也难以察觉。那么，我们为什么还要关注呢？

我们之所以关注，是因为薪酬为人们观察公司最高层的决策提供了难得的机会。那些批准巨额薪酬的高管和董事，往往在其他方面也会夸大。比如，他们更有可能同意高价收购方案。为什么？因为他们一旦反对某位同事提出的收购方案，可能有损自己的高薪岗位，所以他们不愿意这么做。

才华出众的人理应因他们出色的工作能力而获得丰厚回报。但是，过高的薪酬有可能带来风险，它所产生的后续效应将损害外部股东的利益。为管理层支付过高的薪酬，企业也许是可以承受的，但是为收购支付过多的费用，企业会面临极大风险。这正是我喜欢那些薪酬适当的企业的原因。这种偏好，使我错过了一些机会，但也使我不被卷入更多的灾难。这就是我权衡之下的结果。

此外，激励机制还包括所有权。高管和董事在他们管理的公司中大量且毫不掩饰地持有股票，是一个积极信号。

我们容易找到公司的内部人士到底拥有该公司多少份额的所有权。在 10-K 报表或委托说明书中搜索"受益"（beneficial），会出现一个图表，如管理层的证券所有权（security ownership of management）和某些受益的所有者（certain beneficial owners）。只考虑那些同时担任公司高管和董事的所有者。投资公司——如果它们拥有一定份额的股票，也会出现在图表中——应该忽略。它们并不经营公司。

在美国以外的国家和地区，要在年报中搜索股东（shareholder）或所有权（ownership）。

以市场价格大量购买公司股份的内部人士，也可能是一个有益的指标。在财经网站上的内部交易（insider transactions）板块可以得到可靠的信息。注意，非公开市场的收购通常表明了行使期权，这本身对股东并不友好，在公开市场上的购买才是有益的。

内部股票的出售从来不是正面的，但同时也不是负面的。比如，董事可能需要现金来支付孩子的大学学费，高管也许想付清抵押贷款。拥有公司大部分所有权的创始人可能每个月卖出一点股票，这也是其个人财务计划的一部分。这些都是出售股票合情合理的理由。当然，如果好几位内部人士同时抛售他们手中大部分的公司股票，那就不好了。但是，常规的处置并不是决定性的。

第二个指标是关联交易（related-party transactions）。所谓的关联方是指，他们如果与公司发生交易，可能会引起利益冲突。公司的某位董事会成员拥有的供应商给公司供货，就是关联交易的例子。

关联交易也不一定是坏的。如果关联方与公司保持"一臂之隔"（arm's length），那就没有问题。一臂之隔是一种比喻，它指将公司的购买行为严格限定在真正需要的物品上，而且坚持按市场价格来购买。

一般来说，关联交易的数量与规模，以及信息披露的不透明性，与股东友好程度成反比。如果公司中只有一两次小规模的关联交易，而且关于这些交易的细节披露得很充分，就不太可能给外部股东带来伤害。

关联交易的信息很容易找到。在委托声明书上搜索"相关的"（related）或"关系"（relationships），搜索的结果通常涉及租赁、咨询或招聘。

先来看租赁。有时候，公司的某位高管或董事直接或间接地拥有某个实体，该实体将房子租给公司使用。例如，瑞典的连锁服饰品牌 H&M 公司从其董事会主席拥有的实体中租用了一些店面。H&M 公司的年报声明，2015 年，相关租赁费用总计达 436 000 000 瑞典克朗，约合 5 200 万美元。

这是一笔巨款，它是按市场价格租赁的吗？难以知晓。店铺的面积有多大？没有相关的细节。但年报的确提到了每一处店面的具体地址。这样的披露还算不错。

简单判断是否公允可以看某家公司的租赁费用总额中有多少流向了内部人员。H&M 公司的年报指出，2015 年的租赁费用总额为 20 554 000 000 瑞典克朗。快速算一下，就可以发现，公司董事会主席拿到的租赁费用，在这一总额中仅占 2%。因此，支持内部人士持有的房地产，显然不是 H&M 公司的主要目的。这一发现，加上年报中披露了店铺的具体位置，使得这种安排看上去不是公司的麻烦。

再来看咨询。有时候，公司可能为某位董事某些特定的咨询服务付费。以总部位于西雅图附近的零售商开市客（Costco）为例。2015 年，开市客向一位董事会成员支付了 30 万美元的咨询费。是不是很多？该董事工作了多长时间？没有披露太多细节。

这种情况本身是负面的。但有时候，最好的做法是先记下事实，然后在综合考虑其他不那么模糊的股东友好指标下对其进行判断。

最后看招聘。有时候，公司会招聘某位内部人士的家庭成员。高管的位置可能一代一代往下传。例如，H&M公司当前的董事长是其创始人的孙子。位于洛杉矶的二十一世纪福克斯公司（Twenty-First Century Fox）的两位高管是前董事会主席的儿子。业务遍及全美国的信封制造商森维欧（Cenveo），也有两位高管是董事会主席的儿子。这些都不好吗？

答案往往因国家而异。在瑞典，管理层世袭制被认为是仁慈的专制。人们认为，这种制度能够进一步使公司长期繁荣，这是职业经理人无法做到的。不过，这种观点让许多美国人感到吃惊，他们认为，世袭制抑制了精英的发展。美国人无法相信，最有资格担任公司高管的人，恰好是前任的后代。

我个人也觉得管理层世袭制值得怀疑，但并不是说接任者不具备资格。如果他们不具备资格，那么这个事实往往会在其他各个领域表现出来。例如，可能使已动用资本回报率降低，或者使高管薪酬增长。不好的职业经理人也会带来不好的后果，无论他们来自什么家庭。所以，尽管我对这种任人唯亲可能产生的糟糕结果保持警惕，但不会假设世袭制的管理层都是笨蛋。

事实上，所有关联交易的信息披露都带有一定的公允性。例如，"这是以市场价格在正常的商业过程中购买的"之类的披露。

这样的措辞可能无法令人信服。毕竟，这种披露几乎没有提及细节。我们不知道店铺的面积有多大、高管从事咨询的工作时间有多长，或者董事会主席的后代智商有多高。但没关系，我们不需要知晓一切，只是想避免遭到公然的掠夺。我们想大致了解，公司中并不存在以其他名目滥发的、本不该发的奖金。

在有的国家，关联方的定义过于宽泛，例如，可能包括分公司。我们不需要考虑某公司与其分公司之间的交易，这些是正常的，不会像与内部人士拥有的实体发生交易那样可能产生利益冲突。

第三个指标是股票回购。许多投资者认为，公司在公开市场回购自己的股票，是正面的行为。也许是这样，但只有以低于价值的价格来回购，才是正面的。

以低于价值的价格回购，在许多方面都令人兴奋。这是我们自己做出的那种价格低于价值的投资。此外，这种回购还具有税收优势。当公司通过减小分母而增加每股收益时，将以一种不征税的方式给我们带来回报。由于要求从公司的收益中分一杯羹的人的数量减少了，所以会促使股票价格上升。将分红进行一番比较，显然以低于价值的价格回购股票令人更加满意，因为分红通常作为收入被纳税（还要取决于在哪些地方派发分红）。

但是，假如以不打折的价格来回购，对外部投资者就没有益处。这样的回购，和高价收购一样具有破坏性。事实上，它们差不多就是高价收购。

遗憾的是，即使没有价格折扣，管理层成员也有动机去回购，如激励性的薪酬计划。当每股收益上涨时，管理层成员会拿到一些奖励。高管们通过使用自由现金流量从公开市场上购买股票，便可以增加每股收益，即使公司的总收入并没有增长。

股票期权计划加剧了这种情况。从某种程度上说，股票的市场价格数倍高于每股收益时，回购会导致股价上涨，这使得高管们可以行使期权并立即卖出股票，从而赚取利润。

会计学助推了股票回购这个游戏的发展。股票回购将在资产负债表上显示。在资产方面，现金减少了，却增加了同等数量的所有者权益。回购还会体现在现金流量表上，它们是筹资活动现金流出量。但是，利润表上不会体现股票回购，不会确认任何费用。换句话说，会计部门没有办法在公司正在过度支付时出面制止。

这正是回购对已动用资本回报率产生短期的"涡轮增压"效应的原因。分母减小了，但分子没有减小。回购的相关信息可以在年报和10-K报表中搜索"回购"（repurchase）得到。

关于股票回购，一个经常被人们引用的理由是，它们可以抵销根据股票期权计划发行的期权。通过在发行新期权的同时回购股票，完全稀释的股票数量可以保持大致不变。

因此，我认为这是金融史上最差的基本原理之一。我们可以用一个名称来形容这种使用公司现金将外部投资者的股票转移到内部人士手中的行为，那便是：偷窃。回购股票唯一正面的理由是，它们相对于自身的价值而言比较便宜。在下一章，我们将看到如何衡量那一价值。

第四个指标是分红。许多投资者把有实质意义的分红当作对股东友好的标志。也许是这样，但分红也有一些缺陷。

首先，如上文所述，分红是要纳税的。分红由发行者选择派发的时机和数额，因此施加在股东身上的税务责任，股东无法控制。这和回购是相反的，在回购时，通过增加每股收益，可以实现将赢利的股票出售，这时选择权更多地掌握在股东自己手里。例如，投资者可以决定在另一个低收入的年份将其股票收益变现，从而享受更低的税率。或者，投资者选择生活在低赋税的司法管辖区时售出股票。而分红没有这样的转换空间。

其次，分红可能表明公司没有了增长的机会。从合理的角度来看，有机会在高额回报的活动中配置资本的公司，往往会把绝大部分盈利再投入业务中。如果不这么做，也许是公司无法从事有高额回报的业务，那获得高额回报的可能性就很小了。

这种理念经常出现在华而不实的行业里，据说这就是这些行业的公司不派发分红的原因。这些公司的人说，内部的成长性太好了，硅谷到处都是不派发分红的人。

当公司很长时间以来一直有着强大的自由现金流量，所处的行业发展成熟，而且是被充分定价的公司时，我认为分红是对股东最友好的。

对分红进行定性分析，可能看上去有些奇怪。毕竟，它们只是一些数字，而且分红收益率（dividend yield）是一个经常被引用的统计数据，是用每年的分红数额除以当前的股票价格。但是，分红代表对现金的使用，而这有许多选择方案。例如，可以回购股票，可以增加增长性资本支出，可以收购其他企业。因此，最好是把分红看成对股东友好这块拼图中的一小块。如果只把它们归结为一个百分比，未免过于简化了。

公司分红的做法在世界各地迥然不同。在欧洲，比较常见的是，各公司定期将其收入中预先宣布的百分比作为分红来派发。在美国，这种做法不太常见，美国公司分红更加随意。

法律也很重要。例如，在德国，只有赢利的公司才可以分红。相反，在美国，有些亏损的公司甚至借钱来分红。因此，必须综合考虑各地不同的习惯、期望以及法规来衡量公司的分红。

综合来看，这4个指标可以可靠地判断公司是否对股东友好。只在股价下跌时才回购股票的、高管们薪酬合理并共同拥有公司1/3股权的公司，是对股东友好的公司。而公司以过高的价格回购股票、每年给每位外部投资者分红60万美元、从某家信托公司中租赁绝大部分办公场所因而使得创始人家庭从中牟取暴利的公司，则不是对股东友好的公司。在这些例子中，到处都存在一些变量，而只有随着经验的累积，我们才能更容易评估这些变量。

总结
衡量公司对股东友好的程度，是一个基于以下4个指标的定性分析过程：
1.薪酬与所有权。
2.关联交易。
3.股票回购。
4.分红。

案例研究

斯沃琪集团和化石集团

斯沃琪集团（Swatch）是世界上营业收入最高的钟表制造商。该公司位于瑞士，拥有浪琴、欧米茄及斯沃琪等一众知名品牌。[①] 化石集团（Fossil）是另一家领先的钟表制造商。[②]

这两家公司有着截然不同的对股东友好的方式，这在前述的4个指标中清楚地表现出来。

首先，薪酬与所有权。2015年，斯沃琪集团收入最高的高管是CEO，收入高达6 878 700瑞士法郎，以美元来计算，大致是同等数额。这一收入高于瑞士的全国平均水平，但低于美国的平均水平。

收入最高的董事是董事会主席，他2015年的收入为4 421 951瑞士法郎。但在斯沃琪集团，这个岗位是全职的高管岗位。薪酬最高的外部董事的收入是174 996瑞士法郎，以美元来计算，大致也是同等数额，还不错。

至于所有权，斯沃琪集团2015年年底披露的年报显示，高管和董事分别拥有56 709 793股记名股票（registered shares）和2 800股无记名股票（bearer share）。

这两种股票类别解释起来稍稍复杂一些。一个重要的事实是，无记名股票的经济收益是记名股票的5倍。也就是说，如果无记名股票每年每股收益为20，那么记名股票每年每股的收益为4。因此，高管和董事共同拥有相当于11 344 759股无记名股票的经济收益。计算方法是将56 709 793除以5，再加上2 800。

① 请登录这个网址查询：http://www.goodstockscheap.com/13.1.htm。
② 请登录以下网址查询：http://www.goodstockscheap.com/13.2.htm；http://www.goodstockscheap.com/13.3.htm。

第13章 对股东友好　　163

搜索"稀释",可以发现,2015 年斯沃琪集团的完全稀释的记名股票的平均数目是 120 069 686,完全稀释的无记名股票的平均数目是 30 308 846。那意味着,加权平均后的相当于完全稀释的记名股票数目是 54 322 783。用 11 344 759 这个数字除以 54 322 783,得到 21%。因此,高管和董事一共拥有公司大约 1/5 的股权,这已经很多了。

把所有这些结果与化石集团的结果相比较。2015 年,化石集团这家位于美国得克萨斯州的公司薪酬最高的高管是执行副总裁,他一年的总收入是 4 268 722 美元。根据美国的标准,这是正常水平。令人震惊的是该集团的 CEO 从集团中拿到的收入。过去 3 年中的每一年,他从集团中拿到的总薪酬为 0。

2015 年,化石集团的董事薪酬也令人高兴。收入最高的董事会成员是首席独立董事,其收入为 234 931 美元。

至于所有权,化石集团的董事和高管总计拥有公司不到 14% 的股权。这比斯沃琪集团少一些,但也是不错的水平。不过,化石集团的委托声明书提供的额外细节表明,公司 12.5% 的股权由 CEO 一个人所有。尚不明确这在他个人的投资组合中占多大比例。但是,他在 家大型公司中占股 1/8,这可不是一个微不足道的数目。

其次,关联交易。在斯沃琪集团的年报中搜索"相关的"这个术语,得到以下结果:

"2015 年,由 N. G. 哈耶克(N. G. Hayek)的继承人向斯沃琪集团开具了 1 020 万瑞士法郎的发票,这一数额主要包括对集团管理层的支持。"

N. G. 哈耶克是谁?他是已故的斯沃琪集团创始人。他的继承人都是谁?原来,斯沃琪集团的董事会女主席以及 CEO 都是 N. G. 哈耶克的孩子,因此假定是他们。这些人拥有的一个实体，在 2015 年期间获得了斯沃琪集团相当于 1 000 万美元的支付。这公允吗？也许要取决于这个实体对集团管理层的支持是什么。

该年报显示，他们主要在以下 4 个方面提供了支持：建筑部门的项目管理；与投资项目评估、成本控制、IT 咨询等领域相关的各种服务；审计、可行性研究和流程优化；行政执能。

来看行政执能。这些执行功能，与董事会女主席和 CEO 作为斯沃琪集团的高管获得薪酬的行政执能是相同的吗？希望不是。那么，投资项目评估与成本控制又是什么情况？这些事情难道不是管理层常常做的吗？

所有这些并没有暗示他们有渎职行为。但是，没有渎职行为的证据并不意味着某个投资想法是合理的。找理由认为某个因素不好不是投资者该做的事，证明该因素是好的却是公司该做的事。

化石集团也披露了一笔关联交易。2015 年，一位董事的儿子获得了集团支付的 259 713 美元的现金和限制性股票 1 045 股。这是因为，他是化石集团亚太分公司的一名员工。他的工资挺高，但没有什么不正当的。因此，化石集团的关联交易似乎无伤大雅。

再次，股票回购。在斯沃琪集团的年报中搜索"回购"，可以找到一条命名为库存股（treasury shares）的注释。对于一条阐述回购的注释，这是个常见的标题。库存股是回购进来却尚未注销的股票，它们可以再度发行。

这条注释显示，在 2015 年，斯沃琪集团回购了 77 000 股记名股票和 65 000 股无记名股票。因此，它总计回购了相当于 80 400 的无记名股票。这个数字怎么来的？用 77 000 除以 5，再加上 65 000。换句话讲，斯沃琪集团在 2015 年回购的股票，不到其本身股票数量的 1%。

回购的成本是多少？这个数字要在现金流量表中寻找。在现金流量表中，有一行显示为库存股的购买（purchase of treasury shares）。这是筹资活动现金流出量，2015 年总额为 28 000 000 瑞士法郎。

在上一年的年报中搜索，可以发现，斯沃琪集团同样也回购股票，不过数量并不多。2014 年，斯沃琪集团回购了 385 000 股的记名股票和 164 000 的无记名股票（总计相当于 241 000 股无记名股票），回购成本为 107 000 000 瑞士法郎。2013 年，斯沃琪集团回购了 17 800 股的记名股票，没有回购无记名股票（相当于累计回购了 3 560 股无记名股票），回购成本为 2 000 000 瑞士法郎。因此，在最近 3 年里，斯沃琪集团的股票回购数量仍然不到其股票总数的 1%。

化石集团也回购股票。该集团的 10-K 报表中详细描述了几个不同的回购计划，还清晰地描述了几次回购。重要的是后者。该报表首先说，2015 年，化石集团用 28 800 000 美元回购了 281 000 股的股票。2014 年，用 435 000 000 美元回购了 4 100 000 股的股票。2013 年，用 536 300 000 美元回购了 4 900 000 股的股票。除此之外，根据一份较新的回购计划，公司以 200 700 000 美元的成本回购了 2 400 000 股的股票。2015 年，公司拥有加权平均后的完全稀释的股票数量为 48 924 000 股。总而言之，在过去的 3 年中，公司回购了近 1/5 的股份。

这已经很多了。那么，这对股东友好吗？再强调一次，只有在股票价格是其价值的折扣价时，才是对股东友好的。

最后，分红。2015 年，斯沃琪集团为每股无记名股票派发 7.50 瑞士法郎的分红，为每股记名股票派发 1.50 瑞士法郎的分红（这是可以预见的，每股记名股票的经济收益，只相当于无记名股票的 1/5）。斯沃琪集团的现金流量表显示，总计分红数额达 407 000 000 瑞士法郎。这比花在回购上的资金多了很多。

相比之下，化石集团没有分红。事实上，这家公司从来没有分红过。

我们在此时关注这两家公司不是因为它们在价值投资模型中表现得很完美。相反，它们此前都存在一些问题，那些问题可能使它们在价值投资模型中不合格。例如，在智能手机的世界中，市场增长评估似乎是有问题的。相反，我们关注这两家公司，是因为它们提供了在同一领域中公司之间一些有趣的对比。

并不是在所有案例中都需要考虑对股东友好的每一个指标。通常情况下，最好只看那些鲜明的因素。那么，什么因素极其鲜明？

在斯沃琪集团的案例中，鲜明的因素首先是与高管拥有的实体进行的关联交易。1 000 万美元不是一个小数目。这个交易是不是股东会支持和呼吁的交易，并非一眼就能看出来。

其次，放在瑞士的大环境中观察，斯沃琪集团高管的薪酬高于平均水平。这个因素可以被忽略，但前提是要在关联交易定下的基调之中。

最后一个要注意的因素是正面的，那便是：管理层拥有公司大量的股权。

对于化石集团来说，第一个鲜明的因素是回购。在过去的 3 年里，集团支出了 10 亿美元来回购公司 1/5 的股份。快速地计算一番便能发现，回购的平均股价为每股 103 美元。我们将在下一章中让大家了解这是不是划算的。

化石集团第二个鲜明的因素是高管薪酬，这看起来很好。收入最高的高管，拿着合理的收入。更值得称赞的是，CEO 自愿"打工"，分文不取。他

第 13 章　对股东友好

还拥有这家公司 1/8 的股权，而且看起来不会在他的巨额持股上以分红的形式偷偷拿走一些薪酬，因为集团不分红。

这种不分红的做法，是化石集团第三个鲜明的因素。结合其股票回购计划来看，这意味着管理团队确信，回购股票无疑是对自由现金流量的最佳使用。

对我来说，斯沃琪集团并不是对股东友好的。化石集团也许是，但只有在 103 美元的价格确实远低于公司每股价值的情况下，才是对股东友好的。

只要出现一个不确定的指标，就足以使得聪明的投资者放弃某个投资想法。对股东友好，不是将 4 个指标平均起来，而是由最差的那个指标定义的。公允无助于减轻由不正常行为引起的危险。毕竟，衡量对股东友好的程度，实际上是试图回答一个基本问题：我想不想与这些人做生意？

第14章 价格低

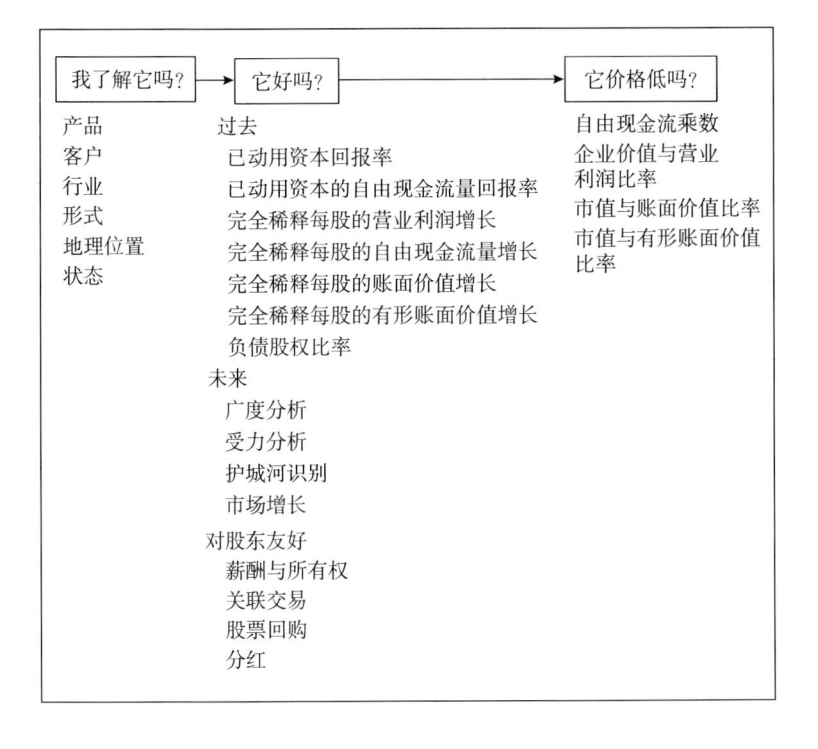

我了解它吗?	它好吗?	它价格低吗?
产品 客户 行业 形式 地理位置 状态	过去 　已动用资本回报率 　已动用资本的自由现金流量回报率 　完全稀释每股的营业利润增长 　完全稀释每股的自由现金流量增长 　完全稀释每股的账面价值增长 　完全稀释每股的有形账面价值增长 　负债股权比率 未来 　广度分析 　受力分析 　护城河识别 　市场增长 对股东友好 　薪酬与所有权 　关联交易 　股票回购 　分红	自由现金流乘数 企业价值与营业利润比率 市值与账面价值比率 市值与有形账面价值比率

价值投资模型中的第三个步骤,也是最后一个基本问题:它价格低吗?

没有什么东西是无价的。即使是最优秀的公司,我们也可能买高了。因此,即使我们了解某家企业,发现它的情况很好,但我们也可能买高了,从而做出不良的投资决策。为应对这个问题,我们采用价格指标(price metrics),我使用其中的4个。

第一个价格指标是自由现金流乘数(times free cash flow,缩写为 MCAP/FCF)。它等于一家公司的市值(market capitalization)除以杠杆自由现金流。

该指标的分母——杠杆自由现金流,已经在第9章中阐述,它是经营活动现金流量减去资本支出。请注意,它体现了利息费用和税费。

该指标的分子——市值,英文通常缩写为 market cap,它是流通股的数量乘以当前的每股价格。

公司的市值容易找到。财经网站会引用它,也可以从财务报表中计算得出。先从最近的季报或10-Q报表中找出流通股的数量,再乘以当前的股票价格。

请注意保持分子与分母的一致性。市值仅仅是股票的价格。杠杆自由现金流是在支付了债权人的利息后企业还盈余的现金。因此,杠杆自由现金流流向股票持有者。

从理论上讲,市值是购买公司所有流通股需要付出的成本,但这实际上被低估了。这是因为当前的股票价格只体现了一些股东不久前愿意为股票出的价,但更多的股东会选择持有股票,以追求更大价值。

这方面的证据可以在收购中获得。还记得领英公司吗？在第 6 章中出现的案例公司。就在那一章内容写成的 2016 年春天，领英的股价约为 135 美元。然后，随着夏天的临近，微软宣布以每股 196 美元的价格收购领英。

为什么微软没有以 135 美元的价格收购？因为并不是领英的所有股东都会以这个价格出售他们的股票。诱使那些坚定持股的人卖出股票，需要付出更高的价格。他们拥有经济学家称为的更高的保留价格（reservation price）。

第二个价格指标是企业价值与营业利润比率（enterprise value to operating income，缩写为 EV/OI）。

这个指标的分母——营业利润，是第 8 章介绍的主题。它是营业收入减去产品销售成本，再减去营业费用。注意，它不是净利润，没有减税费。

这个指标的分子——企业价值（enterprise value），是理论上的收购价格。这是人们为了购买整个公司而不仅仅是购买公司的流通股而支付的价格。支付了这个价格，再没有任何人可以对被收购的公司有任何财务上的索求，也不会再有外部的普通股股东（common stockholders）、优先股股东（preferred shareholders）、子公司中的少数合伙人、债券持有人（bondholders）、银行债权人（bank creditors）。

企业价值是一个棘手的概念，有两个原因。第一，企业价值部分来自当前市场价格。因此，在名称上，它忽视了价值投资中对于价格与价值的区分。企业价格（enterprise price）这个术语可能更加合理。

第二，企业价值难以计算。它实际上等于市值加上公司所有优先股（preferred equity）、非控制性权益、债务，再减去现金。

和市值一样，某家特定公司的企业价值，可以在财经网站上找到。这些现成的数字，找起来并不麻烦。但如果某家公司看起来有着很好的前景，那么明智的做法是计算长期的企业价值。要理解其中的缘由，可以考虑企业价值的组成部分。

企业价值的第一个组成部分是市值，这已经很好理解了。

第二个组成部分是优先股。这是一种不同类型的股票。这种股票通常进行更加稳定的分红。它有时候也被称为优先股票（preferred stock）或者优先股份（preference shares）。

第三个组成部分是非控制性权益，我们在第 6 章和第 10 章介绍过。非控制性权益并非是公司所有的子公司的一部分。它有时候被称为少数权益（minority interest），因为它体现了少数合伙人的所有权。这个数字添加到最近报告中的资产负债表上，位于资产负债表的所有者权益板块。

公开的非控制性权益的数目是不完美的。它是一种现存价值（carrying value），不一定是少数合伙人愿意接受的。所以，将它作为理论上的收购价格的一部分，是一种奇怪的搭配。不管怎样，它通常是可用的最佳估值。

理解为什么要把非控制性权益加进来，需要迅速深入了解被投资方（investee）的会计方法。

公司可以用 3 种方式来说明被投资方的情况。使用哪种方式，取决于公司对被投资方有多大的控制权。人们认为，控制权取决于公司拥有被投资方多少股份。因此，这种会计方法通常是由股权的百分比来决定的。

但这是有瑕疵的，所有权并不意味着控制权。只要问一位由行业领先的上市公司拥有 10% 股权的初创企业创业者就知道了。真正决定控制权的是获得更多资金、获得客户或者有可能被收购的前景。尽管如此，人们通常使用的还是股权的百分比。

如果公司拥有被投资方不到 20% 的股权，使用成本法（cost method）。在资产负债表上，投资作为一项按成本价而计入的资产。

当公司拥有被投资方 20%～50% 的股权时，使用权益法（equity method）。投资最初在资产负债表上被计入成本。当被投资方产生了净利润时，用净利润的数额乘以公司在被投资方中拥有的所有权百分比。随后，将被投资方净利润这一成比例的份额，添加到公司的利润表，被称为附属公司收益（earnings in affiliate）。它流入资产负债表，作为投资的现存价值的补充。

如果使用权益法，被投资方是一家尚未合并的附属公司（unconsolidated subsidiary）。

如果公司拥有被投资方超过 50% 的股权，使用合并法（consolidation method）。这使得被投资方成为公司的合并子公司（consolidated subsidiary）。在利润表上，被投资方的营业收入和支出与公司的合并（融入）。再往下，有一行被称为归属非控制性权益的收益（earnings attributable to noncontrolling interest），那是被投资方的收益，这部分属于其他所有者。这一成比例的收益份额并不是公司的，要将其减去。

利润表的上半部分代表着公司梦想拥有子公司的全部，下半部分则使这个梦醒过来。

合并法还要求公司的资产负债表包含被投资方的所有资产与负债。非控制性权益（如前所述，要么出现在负债板块，要么出现在所有者权益板块）纠正了公司不拥有的被投资方部分。

也就是说，归属非控制性权益的收益与利润表的关系，和非控制性权益与资产负债表的关系一样。

合并法在计算企业价值时最为相关。之所以加上非控制性权益，是因为在利润表上，归属非控制性权益的收益被列在营业利润的下方。因此，营业利润体现了被投资方100%的所有权，这是虚构的。但是，企业价值与营业利润比率的分母却无法看出非控制性权益。因此，必须使分子膨胀，好像并没有太多的非控制性权益那样。

企业价值的最后一个组成部分是债务，包括长期和短期债务。这可能涵盖了银行贷款、债券、票据，或者任何其他的计息负债。这些数额被添加到最新的资产负债表中的负债板块。

计算企业价值，也需要做出关于现金的决定。理想的情况，要将过剩现金减去（它显然不一定是用来经营企业的）。之所以将它减去，一个原因是它在理论上可以把某些债权人手中的债权全部买断，比如债券持有人和少数合伙人等。把过剩现金想象成已经到位的收购融资。

但是，正如第 7 章中提到的那样，我们很难知道有多少现金是真正过剩的。财经网站往往假定所有现金都过剩，它们自动将现金减掉。但这体现了一个并没有明确做出的决定，可能使得公司看上去比实际上的价格更低些，制造了过度支付的风险。正因为如此，从零开始计算企业价值是有道理的。

另一个原因是，在资产负债表上，可能不止一行的内容体现诸如现金及现金等价物的内容。例如，可能有一行内容被称为流动金融资产（current financial assets），或者有一行内容被称为投资证券（investment securities）。这些可能包括来自上市公司股票中的权益、债券基金利息等，脚注中通常注明了它们的内容。

这些项目的内容越容易在资产负债表的价值中转换成现金，它们就越有可能是现金等价物。当存在疑问时，要假定它们不是。

如果确实不清楚多少现金是过剩的，那就采用我们处理已动用资本的方法，计算两个版本的企业价值：含现金的和不含现金的。只有当两个版本都表明公司的股票确实被低估，才买入。这样做，尽管可能让你没能抓住一个好机会，但也许规避了一个灾难。

企业价值与营业利润比率是个特别明智的指标。和已动用资本一样，这个指标没有体现融资的类型。这与基于市值的评估指标形成了鲜明对比，后者可能被资本结构蒙骗。

想一想市值与营业利润比率（market cap to operating income，缩写为 MCAP/OI）。某家大量负债的公司，可能仅仅由于分子只含普通股市值而看起来价格低。它并没有体现从任何债券持有人、票据持有人、银行债权人等手中买断负债时需产生的直接成本。但是，企业价值决不会被资本结构所蒙骗，它对所有东西都定了价格。

这突显了上文介绍的第一个价格指标——自由现金流乘数的缺陷。这个指标忽略了资本结构，因此它在使用时是危险的。但它依然内涵丰富，因为它和企业价值与营业利润比率这个指标采用不同的视角。企业价值与营业利润比率对照权责发生制会计所说的扣除利息与税费之前的收益来衡量整个公司的价格，而自由现金流乘数对照收付实现制会计所说的扣除利息与税费之后的收益来衡量普通股的价格。同时使用这两种方法，将使人们更难被蒙骗。

自由现金流乘数和企业价值与营业利润比率这两个指标的分母都来自最新财务报表中的数字，但有些公司所在的行业是周期性的。用户对它们产品的需求，会随着一些外在因素而增长或减少。例如，这个因素可能是某种特定大宗商品的价格。

周期性的公司通常吸引投资者的关注，因为它们的股票价格会在报告的收入或经营活动现金流量下跌之后猛跌。而前者的下跌，可能是由于它们所处的行业进入了一个下行周期。

如果行业确实是周期性的，那么下行周期最终会反转。收入、现金流等各种因素会再度上涨。因此，将当前的价格应用到以前的经营结果之中，可能具有启发性。我称这种做法为逆估价（back valuing）。假如公司今天的市值和企业价值是对照上年度的自由现金流量和营业利润来衡量的，它会不会还是看上去被低估？

逆估价带来危险。它依赖历史的重复，假定企业没有发生根本性的变化。而且，它相信某个历史上呈现周期性的行为实际上还没有进入到长期的下跌趋势之中。

逆估价好比止血带。它是一个在少数情况下可以安全使用，但在多数情况下并不安全的工具。

如果人们坚持认为周期性公司的糟糕运营业绩将是永久性的，这显然很荒谬。这是一种毫无益处的保守主义。因此，假如行业肯定是周期性的，试着采用逆估价。如果有任何疑问，就不采用。

第三个价格指标是市值与账面价值比率（price to book，缩写为 MCAP/BV）。还记得吧，账面价值等于资产负债表上的所有者权益。

第四个价格指标是市值与有形账面价值比率（price to tangible book value，缩写为 MCAP/TBV）。它是从市值与账面价值比率的分母中减去无形资产后得出的比率。专利、商标、商誉以及其他并非实物的资产，都要被减去。

市值与有形账面价值比率是一个比市值与账面价值比率更严格的指标。它有效地标记了任何不可能降低为 0 的资产。有些情形适合这种严格的指标，让我们回顾一下商誉。

还记得吧，商誉等于超出账面价值（所有者权益）的收购价格。早在第 6 章中，我们举了一个例子，B 公司的账面价值有

第 14 章　价格低

100万美元，A公司以150万美元的价格收购了B公司，因此A公司在其资产负债表上增加了50万美元的商誉。

请注意在这个案例中嵌入的假设。商誉是一种资产。因此，在购买B公司和产生商誉的过程中，A公司是用资产来交换资产。会计学是这么理解的。利润表上没有确认支出，资产负债表上没有登记负债。没有不好的事情发生。

如果A公司过度支付，怎么办？这种情况的确会发生。当它真的发生时，这个事实最终会浮现出来。管理层表达对这家新的子公司的失望，并承诺将清理一切。清理的第一步是在利润表中抽取很大一部分作为支出，以减少商誉。这是资产减值（write-down），也就是说，通过在利润表上确认一笔支出的方式，减少资产负债表上的资产。

对资产减值的担忧是市值与有形账面价值比率带来的良性怀疑的基础。这种良性的怀疑，将商誉看作一种即将发生的资产减值。出于这一原因，在分析那些通过昂贵的收购而增长与扩张的公司时，市值与有形账面价值比率是个有益的指标。

市值与账面价值比率和市值与有形账面价值比率这两个指标都受股票回购和分红而产生的曲解的影响。因此，具有启发意义的是两个指标之间的不同点。如果市值与账面价值比率是合理的，但市值与有形账面价值比率极高，那么通常存在大量商誉。这会驱使聪明的投资者来评估公司过去的收购是不是明智。

我们在计算价格指标时，得到的是实际的数字。自由现金流乘数也许是5或者50。企业价值与营业利润比率可能是3或者

30。哪个是低估的，哪个是高估的？

我更喜欢自由现金流乘数不高于8，企业价值与营业利润比率不高于7。在转而讨论另外两个价格指标的基准之前，让我们先了解这前两个乘数是什么意思。

设想一家公司的营业利润将在未来100年里每年达到100万美元。将这一现金流折现，比如说折现率为10%，那就得出9 999 274美元。这个计算，利用了我们在第7章中介绍过的NPV函数。

9 999 274这个数字接近1 000万。注意，1 000万美元恰好是预测的年度营业利润的10倍。

因此，如果人们计算出某公司的企业价值与营业利润比率为10，可能意味着，市场认为营业利润将在未来100年里每年达到100万美元，而10%就是正确的折现率。

或者，这可能也意味着，市场认为未来100年的营业利润将在100万美元的基础上每年增长4%，而14%才是正确的折现率。这些数字也可以利用简单的NPV函数计算。

换句话讲，乘数是速记的。它们是一次正式的现值分析的速记。其中体现了人们对增长率和折现率的想法。

当其他所有条件都相同时，买入收入在增长的公司，比买入收入没有增长的公司更好。因此，当我说我希望企业价值与营业利润比率不高于7时，我的意思是，我只在当企业的折现率较高时，才会购买大量未来的营业利润。

当然，谁也不知道未来的营业利润是什么情况，同样也不知道自由现金流量是多少。准确的折现率到底是怎么计算得来的，并不重要。重要的是，当较低的价格乘数体现了不合理的高折现率时，对价值投资者来说，意味着买入的机会。

另外两个价格指标，即市值与账面价值比率和市值与有形账面价值比率，则稍有不同。它们并没有体现未来的任何事情，它们是公司如今拥有的乘数。

我更喜欢市值与账面价值比率和市值与有形账面价值比率这两个指标都在 3 以下。但对我来讲，两个指标都低于 3，只是具备了让我考虑投资的资格，并不是我要寻找的。我寻找的是自由现金流乘数和企业价值与营业利润比率。这其中的原因，值得我们探究。

我的目标是拥有那些持续经营的公司。我希望它们的业务生机勃勃。具有盈利能力的公司更有价值。但是，市值与账面价值比率和市值与有形账面价值比率这两个指标，都表达了相对于已经破产的公司价值的价格。如果某公司不再经营了，把所有东西都卖出去（也就是说，如果清算的话），那么能够分发给股东的总额，也就是它的账面价值所体现的东西。但是，我买一只股票，并不希望在某家已经破产的公司出售其庭院资产时拥有一些股权。我是在买入它将来的收入和现金流量，希望从将来的收益中分得一杯羹。

但那并不是说市值与账面价值比率和市值与有形账面价值比率就毫无用处。它们可以揭示机会。例如，假设某公司的企业价值与营业利润比率是 9，而市值与账面价值比率和市值与有形账面价值比率都是6。公司看起来价格并不低。但市值与账面价值比率和市值与有形账面价值比率相同。这使得聪明的投资者想了解,公司是不是拥有某些利润丰厚的有形资产,比如土地等,这些资产在资产负债表上只以微不足道的、几十年以前的购买价格而结转。公司会不会把土地卖出去,以赚得现金?那些现金是不是过剩的?如果是的,所有的价格指标都会突然下降,这就是梳理破产指标的有益想法。

如此直接地提出我的基准,比如8、7、3,稍稍有些危险,而且可能误导他人。之所以说危险,是因为这可能被解释成,我们不需要首先了解某家公司的经营状况,也可以直接进行评估。很多投资者就是这么做的,而且这种做法也可能奏效。但是,如果采用这种方法,我的基准就没有用处了。

之所以说可能误导别人,是因为我的基准实际上有些灵活。要了解其中的缘由,想一想我们迄今为止在这本书中提出的所有指标,它们大多数可被归为以下3个类别。

第一个类别是回报(return)。这个类别的指标包括已动用资本回报率和已动用资本的自由现金流量回报率。这类指标关心的是一家公司每年相对于其投入资本的产出。

第二个类别是增长(growth)。这个类别的指标包括完全稀释每股的营业利润增长、完全稀释每股的自由现金流量增长、完全稀释每股的账面价值增长、完全稀释每股的有形账面价值增长。这类指标着重关注一些好的东西到底以多快的速度增长。

第三个类别是价格(price)。这个类别的指标包含自由现金流乘数、企业价值与营业利润比率、市值与账面价值比率、市值与有形账面价值比率。这类指标涉及公司股票是否被低估。

假如这3个类别中有2个类别存在优势，那就可以弥补第3个类别的平庸。例如，当某家公司的回报率不错而且增长迅速时，人们可能愿意花更高价格购买其股票。也就是说，如果已动用资本回报率和完全稀释每股的营业利润都很高时，人们可以接受更高的企业价值与营业利润比率。

同样的道理，当某家公司回报率不错并且股票价格较低时，人们可能接受它表现平平的增长速度。例如，如果已动用资本回报率很高，企业价值与营业利润比率较低时，即使完全稀释每股的营业利润十分普通，也是令人愉快的。

我们很想尝试着把这3个类别之间的关系简化成一个公式。从理论上讲，这可以实现自动化的投资决策。但是，这种简化将带来更多的失真，而不是让我们看得更清楚。原因有两个。

第一，这些指标是历史的。它们是已经发生了的，不一定是正在发生的。即使是包含了现行价格的价格指标，也与从原来的财务报表中提取的数字结合起来了。我们在尽最大的努力，使用我们的4个战略分析工具来预测未来的经营业绩，但这是定性的。最终，我们无法得到可以插入某个方程中足够可靠的数字。

第二，每个类别指标的相对重要性，对不同的投资者来说有差别。这里的差别在于投资者的目标持有期限。对长期投资者来说，回报指标至关重要。这些股票持有者会长期持有公司的股票，以已动用资本回报率和已动用资本的自由现金流量回报率这两个指标来管理他们的实际投资结果。

但是，短期投资者则不觉得回报指标重要。对他们来说，回报指标完全是不可思议的。这些投资者不会长期持有公司的股票，他们只关心价格指标。

所以，尽管我们幻想建立一个公式可能有点过头了，但很明显，这 3 个类别的指标之间，确实存在着某种联系。牢牢记住这一点，将鼓励我们对自己的基准做出小幅度的、建设性的调整。

请注意，在本书的价值投资模型中的估值，要在经历两个耗时的步骤之后才开始。这和另一种更常见的、从估值开始的投资分析方法形成了鲜明对比。在那种方法中，第一个问题通常是：收益乘数是什么？

估值之所以较晚出现，有两个原因。第一，在早期的步骤中忽略估值，可以让人保持客观。它防止人们因表面的价格高低而左右摇摆。

例如，一些觉得公司股价看起来较低的人可能因为低估新进入者的威胁而对此感到轻松。同样地，一些察觉公司股价太贵的人则可能找理由拒绝投资，比如并不成熟地断定其供应商们正在合并。

当然，我们不可能在完全没有估值的"真空"中思考。毕竟，股价的陡然下跌，可能是人们一开始关注到这家公司的原因。但是，把估值放到最后，可以提早集中人们的注意力。

第二，估值之所以在模型中很晚才出现，是因为之前的分析是长期有效的。了解一家企业，发现它的经营状况很好，这些结果都是"有保质期的",它们只在一段时间内有效。不管什么时候,只要股价骤变,就可以将研究结果投入使用。

这些股价的骤变,也许不知从何而来。还记得通力集团的例子吧?2001年年底,位于东京的电子企业集团东芝(Toshiba)同意购买通力集团4.6%的股权。2015年4月,东芝发生了会计丑闻,迫使它不得不出售某些非核心的持股。7月22日,东芝宣布已经抛售了通力集团的股份。

看起来,日本公司的会计丑闻与芬兰的电梯和自动扶梯业务毫无关联,然而,在那一周,通力集团的股票价格下跌了8%。这是突然抛售股票可能会产生的影响,它不知从何而来。事先对通力集团有所了解的投资者,将比那些毫不了解的投资者更快地理解这种情况。

价格指标通常让我们发现,尽管我们透彻了解了某家公司,而且它经营状况很好,但它的股价并不低,这会让我们感到不满意。我们会倍感失败,因为我们原本打算买入这家公司的股票。那么,我们该做什么?

等待。如果有必要,甚至等待数年之久。这可能难以接受。毕竟,我们耗费了大量的精力来了解这家公司,并且辨别出它的经营状况良好。我们想从这个来之不易的结论中得到一些实质性的东西,我们想做些什么。

消除这种不安定的情绪,有两个关键。第一个关键是认清行动与进展之间的差别。前者很容易伪装成后者。行动给人的感觉是卓有成效的,它令人满意。但是,为了行动而行动,则是无益的。接受这一点，你的耐心会创造奇迹。

第二个关键是意识到现金的选择价值（option value of cash）。手中握有现金时，我们可以做很多事情。当我们发现了某家公司易于理解、经营状况优良、股价也较低时，假如我们手头有现金，便可以在股价低估的瞬间立即买入。如果在那些时候我们手头没有现金，那么选择就少很多。我们可能什么也做不了，白白丧失机会。当然，我们也可以卖出不同的持股，但有可能放弃了另一次不同的上行。或者，我们也可以使用从券商那里借来的资金进行保证金交易（buy on margin）[1]，但这会导致利息费用的增加，并且引来了灾难性下跌的风险。

我们很难意识到现金的选择价值。当利率较低，经济账户对账单提醒我们通过储蓄几乎赚不到一分钱时，我们尤其难以想到现金的选择价值。我们不可能得到月度报告来提醒我们保持灵活性有多么聪明。现金的选择价值，从来都没有明确地表现出来。

这正是耐心不是天生的一个原因。这是一种非直觉的心态，需要我们采用不同的视角。而一旦我们建立了这种心态，我们便可以将其用在估值上，我们的问题变得更好解决了。当自由现金流乘数不高于8时，企业价值与营业利润比率不高于7时，股价还能跌到什么程度？那变成了我们的限价，我们等待着它的出现。

[1] 指投资者向证券公司借资金去购买更多的证券。——译者注

第 14 章 价格低

> **总结**
>
> 使用4个不同的价格指标，可以挖掘便宜的股票：
>
> 1. 自由现金流量乘数（MCAP/FCF）。
> 2. 企业价值与营业利润比率（EV/OI）。
> 3. 市值与账面价值比率（MCAP/BV）。
> 4. 市值与有形账面价值比率（MCAP/TBV）。
>
> 意识到下面2个因素，可以更容易地等到易于理解的、业绩优良的公司股票被低估的时机：
>
> 1. 行动与进展之间的差别。
> 2. 现金的选择价值。

案例研究

福斯公司

福斯公司（Flowserve）是美国得克萨斯州一家制造管道、阀门和密封材料的重要制造商，其产品销售给炼油厂和其他工厂。先假定这家公司易于理解，而且经营状况较好。在我写这部分内容的时候，该公司的股价是45.50美元，它被低估了吗？

首先考虑自由现金流量乘数。市值是45.50美元乘以流通股的数量。在最近的10-Q[①]报表中搜索普通股（common stock）。

第一搜索结果的标题是每股收益（earnings per share）。它提供的加权平均的普通股数目是

[①] 请登录这个网址查询：http://www.goodstockscheap.com/14.1.htm。

129 781 000。因此，福斯公司的市值，也就是分子，是 5 905 035 500 美元。

分母（自由现金流量）的计算简单而直接。2015 年，经营活动现金流量是 417 092 000 美元，它来自福斯公司 10-K 报表的现金流量表[①]。

同页还列举了 2015 年的资本支出，为 181 861 000 美元。维护性资本支出是多少？和往常一样，没有列出。

我们可以从 2016 年第一季度的财报电话会议中寻求一些帮助，那是最近召开的财报电话会议。恰好在 21 分钟之前，公司的首席财务官说道，"我们还预计，和 2015 年资本支出上升的水平相比，2016 年将会下降。2015 年时，我们提升了亚太地区分公司的制造能力，并且购买了一份许可，以便增大售后的市场机会"。

因此，2015 年的资本支出肯定是增长性资本支出。它既扩大了制造能力，又增大了售后（即零部件和配件）市场机会。但是，到底是多少呢？

还是没有列出具体的数额。不过请注意，在前 2 年中，每一年的资本支出总额大约为 135 000 000 美元，这比 2015 年的数字大约低了 45 000 000 美元。而折旧甚至更低（我们知道，折旧不等于维护性资本支出，但不管怎样，它也是一个有益的对比）。2015 年的折旧费用是 99 501 000 美元，出现在现金流量表的前 1/3 处。

保守估算，我们首先假定，181 861 000 美元这个数字全部都是维护性资本支出。然后进行第二个版本的计算，假定它比 45 000 000 美元更低，这有效地将它控制在上一年的水平。

在 10-K 报表中搜索经营租赁，结果表明，福斯集团有一些经营租赁的业务。将它们资本化（这本该在模型的早期完成），对自由现金流量来说意味着两件事情。第一，意味

① 请登录这个网址查询：http://www.goodstockscheap.com/14.2.htm。

第 14 章 价格低　　187

着要把支付的租金加进来。搜索租赁费用，可以发现，2015 年的租赁费用是 53 100 000 美元。

第二，意味着要减去在假想的用于购买租赁资产的贷款上面支付的利息。这个数字只能来自经营租赁资本化，因此需要我们计算出来。

一条搜索结果显示，福斯公司 2016 年安排的租赁费用是 45 505 000 美元，2017 年是 37 553 000 美元，2018 年是 28 355 000 美元，2019 年是 22 063 000 美元，2020 年是 18 699 000 美元。将每年及其相应的费用输入到一个只有两行的电子表格中。

接下来，这条结果还显示，从 2021 年开始，福斯公司额外投入到未来的租金为 63 848 000 美元，但并没有说明最后租赁到期的年份。我们如何分配这些租金？

请注意，从 2016 年到 2020 年，支付的租金每年下降的幅度为 15% ~ 20%。我们只要大致保持这种趋势就行。假设 2021 年为 15 000 000 美元，2022 年为 12 000 000 美元，2023 年为 10 000 000 美元，2024 年为 8 000 000 美元，2025 年为 6 000 000 美元，2026 年为 5 000 000 美元，2027 年为 4 000 000 美元，剩下来的 3 848 000 美元，可以全部计入 2028 年。人们也许可以比这分配得更精确，但也许不可以。把从 2021 年到 2028 年的所有数字全部加起来，录入电子表格之中。

现在我们需要折现率。搜索长期债务，没有任何结果。我们曾在盖璞服饰的案例中成功运用这一术语。但是，搜索优先票据，一条结果详细描述了 3 种相关的借款。最近的一次来自 2015 年，福斯公司以 1.25% 的利率借款 500 000 000 欧元（稍稍多了一点，事实上是由于票据以票面价值的折让而售出）。

福斯公司的许多经营业务在美国，但和盖璞服饰不一样的是，它还有大量的业务在美国以外的国家和地区。因此，福斯公司借来的欧元，可能意味着利率与盖璞服饰借入日元的利率不一样。也就是说，福斯公司已经在欧洲租用的设备，它可以用欧元来购买，但盖璞服饰几乎没有在日本租赁可以用日元来买入的店铺。不管怎样，1.25% 对我来说稍稍有点低，我接受 2% 的折现率。

以 2% 的折现率对连续 13 年的租金费用进行折现，得到 198 813 374 美元。①

用 2% 乘以 198 813 374，得到 3 976 267 美元，这就是 2015 年支付的利息。

现在我们可以计算第一个价格乘数的分母了，那就是自由现金流量。它等于经营活动现金流量 417 092 000 美元减去资本支出 181 861 000 美元，加上租金支付 53 100 000 美元，减去利息支付 3 976 267 美元，等于 284 354 733 美元。这是较低的估值。

较高的估值是 329 354 733 美元，它包括额外的 45 000 000 美元，这是我对增长性资本支出的粗略估算。

将这两个自由现金流量的估值除以市值 5 905 035 500，我们便得到了第一个价值指标的范围。自由现金流量乘数的范围是 18～21。

第二个价格指标是企业价值与营业利润比率。它的分子的第一个组成部分是市值，我们已经确定为 5 905 035 500 美元。

第二个组成部分是优先股。根据季度报告的资产负债表，优先股并不是太多，但非控制性权益达 18 321 000 美元。除此之外，还有两行债务。1 年内到期的债务（debt due

① 请登录这个网址查询：http://www.goodstockscheap.com/14.4.xlsx。

第 14 章 价格低

within one year）为 62 566 000 美元，1 年后到期的长期债务（long-term debt due after one year）为 1 573 450 000 美元。

在资产方面，现金及现金等价物为 310 318 000 美元。因此，企业价值的较低估值为 7 249 054 500 美元，就是将市值加上非控制性权益和所有债务，再减去现金。较高估值假定没有过剩现金，数额为 7 559 372 500 美元。

分母是 2015 年营业利润，年报给出的数字是 525 568 000 美元。但是，由于经营租赁资本化，必须做出两项调整。第一项调整是必须把 53 100 000 美元的租赁费用加回来，第二项调整是减去折旧。还记得吧，我们假定折旧等于旧的租赁费用减去新的利息费用。利息的估计值为 3 976 267 美元，那么折旧为 49 123 733 美元。因此，营业利润为 529 544 267 美元。

现在，我们可以计算企业价值与营业利润比率的两个估值了。由于现金数量少，所以这两个估值大体相同，都约等于 14。

第三个价格指标是市值与账面价值比率。账面价值出现在 10-Q 报表中，作为福斯公司总的所有者权益（total Flowserve Corporation shareholders' equity）而登记，为 1 722 665 000 美元。因此，市值与账面价值比率为 3。

第四个价格指标是市值与有形账面价值比率。季度的资产负债表显示，商誉为 1 240 187 000 美元，其他无形资产为 228 294 000 美元。这使得有形账面价值为 254 184 000 美元。因此，市值与有形账面价值比率为 23。

注意，在过去 3 年里，福斯公司回购了自身约 12% 的股票。这在价值投资模型中对股东友好的阶段可能会引起我们的注意，意味着市值与账面价值比率和市值与有形账面价值比率都膨胀了。它们比不存在回购时更高。

这里没有什么因素显示福斯公司的股票被低估。自由现金流量乘数为 18，处在其最低水平，远远高于 8 的基准。企业价值与营业利润比率为 14，是 7 的基准的两倍。市值与账面价值比率还不错，是 3，特别是由于股票回购使其膨胀了，不过市值与有形账面价值比率为 23，远超 3 的基准。

聪明的投资者会立即看出市值与账面价值比率和市值与有形账面价值比率之间极大的差异。显然，这要归因于商誉。因此，即使股价大幅下跌，也要先确认福斯公司没有为收购而过度支付，再考虑买入这家公司的股票。

暂时假设福斯公司没有为收购而过度支付。当自由现金流量乘数不高于 8，企业价值与营业利润比率不高于 7 时，股票价格还能跌到什么程度？

电子表格可以很容易地组合起来来回答这个问题。它允许人们对股票价格进行修改，直到价格指标符合要求。它表明，当福斯公司的股票价格为每股 17 美元时，其股价才是低的。①

但是，请等一下。福斯公司所在行业是什么？机械制造。具体来讲，是制造石油和天然气企业的流量控制的产品。

这是一个周期性的行业。随着石油价格的波动，行业的需求也会起起落落。当石油价格下降时，石油和天然气公司严格控制资本支出预算，因而放缓了对福斯公司产品的需求。但当石油价格回弹时，这种被推迟的维护性资本支出迅速反弹，成为福斯公司的营业收入。

有车族都知道，21 世纪 10 年代中期，石油价格大幅下跌。在加州帕洛阿托市，油价从 2014 年春季的每加仑 4 美元下降到 2015 年年末的每加仑 2.5 美元。福斯公司 2015 年的业绩，一定也体现了这种下行的周期。如果对公司进行逆估价，回到 2014 年的情况，会怎样？

在该公司 2014 年的 10-K 报表中②，2014 年经营活动现金流量是 570 962 000 美元，资本

① 请登录这个网址查询：http://www.goodstockscheap.com/14.5.xlsx。
② 请登录这个网址查询：http://www.goodstockscheap.com/14.4.htm。

第 14 章　价格低　191

支出是 132 619 000 美元。鉴于折旧仅有 93 307 000 美元，这些资本支出中，有一部分可能是增长性的。因此，我们估算维护性资本支出为 120 000 000 美元。

假设已经将经营租赁资本化，那么支付的租金 56 200 000 美元必须加回来。而且还应当减去利息费用，这需要将经营租赁资本化。

安排的未来租金费用也可以在报表中查到：2015 年是 49 625 000 美元，2016 年是 36 829 000 美元，2017 年是 27 824 000 美元，2018 年是 22 081 000 美元，2019 年是 17 184 000 美元。然后，从 2020 年开始，投入的租金费用中另增加 63 837 000 美元。我们可以大致按照这种下降的趋势来分配这些费用。也许 2020 年为 15 000 000 美元，2021 年为 12 000 000 美元，2022 年为 10 000 000 美元，2023 年为 8 000 000 美元，2024 年为 6 000 000 美元，2025 年为 5 000 000 美元，2026 年为 4 000 000 美元，剩下来的 3 837 000 美元，可以全部计入 2027 年。

至于折现率，搜索优先票据，我们发现，最近的长期债务融资发生在 2013 年 11 月，这很有时效性。所借债务为 300 000 000 美元，利率为 4%（实际上有点多，同样是由于票据以票面价值的折让而售出）。

以 4% 的比率将租金费用进行折现，得到 185 506 597 美元。①

用 185 506 597 美元乘以 4%，得到 7 420 264 美元，这就是 2014 年支付的利息。

因此，2014 年的自由现金流量等于 499 741 736 美元。这是用经营活动现金流量 570 962 000 美元减去估计的维护性资本支出 120 000 000 美元，加上支付的租金 56 200 000 美元，减去支付的利息 7 420 264 美元。

① 登录这个网址查询：http://www.goodstockscheap.com/14.6.xlsx。

用当前的市值 5 905 035 500 美元除以 2014 年的自由现金流量 499 741 736 美元，便得到逆估价的自由现金流量乘数，为 12。

再看企业价值与营业利润比率。2014 年公布的营业利润为 789 832 000 美元。由于对经营租赁资本化了，所以 56 200 000 美元的租金费用要加回来，并且要将折旧减去。租金费用减去刚刚估算的利息费用 7 420 264 美元，得出折旧为 48 779 736 美元。2014 年福斯公司的营业利润为 797 252 264 美元。因此，逆估价的企业价值与营业利润比率这个指标为 9 或 10。当企业价值为 7 249 054 500 美元的较低估值时，则企业价值与营业利润比率为 9；当企业价值为 7 559 372 500 美元的较高估值时，则企业价值与营业利润比率为 10。

令人不会感到惊讶的是，对照福斯公司之前更成功年份的经营业绩，以公司股票当前的价格购买，看起来价格并不高。但福斯公司的股票要真正算得上被低估，那就必须跌至 32 美元，而且要保证公司收购其他公司的价格合理、在 2014—2015 年不会显著改变、其所在行业确定是周期性的行业。[1]

聪明的投资者知道价格与价值是不同的，明白行动并不等于进展，也意识到现金具有选择价值，因此他们会等待价格低于 32 美元的时候出手买入。

---

[1] 请登录这个网址查询：http://www.goodstockscheap.com/14.7.xlsx。

第15章　价格推动风险

显然，以低价格买入公司的股票，比不以低价格买入更加可取。但是，这其中的原因，值得我们探究。这样做，可以揭示价值投资者和其他投资者之间的差别有多大。

价值投资者以低价格买入公司股票，有两个原因。第一个原因是，这种做法增大回报。假如两位投资者花钱购买将来同样的收益流，那么用更少的钱购买所得到的回报，胜过用更多的钱购买所得到的回报。

举个例子。以2美元的价格买入价值4美元的股票，如果股票最终得以正确定价，那么回报率为100%，即4减2再除以2，等于1。

但如果以1美元的价格买入同一只股票，其回报率为300%，即4减1再除以1，等于3。在这一案例中，以原价格一半的价格购买的股票，获得了3倍的回报。

第二个原因是，以低价格买入，降低了风险。其中缘由，可以想一想棒球。

对于第一个垒上的跑垒者来说，盗垒的风险被标记出来了。

跑垒者如何减少被标记出局的风险？通过抢先一步。当投手终于投出下一球时，跑垒者可以偷偷离开一垒，向二垒移动。这是允许的，这被称为率先击球。它缩短了跑垒者到达下个垒必须跑动的距离。

跑垒者对风险的感知，体现了我们在日常生活中对这种感知很好的运用。风险是某个坏结果出现的可能性。为了降低这种风险，我们开始朝目标更近一步。

投资中的风险是什么？亏损金钱。这正是日常实践中风险的定义所暗示的。事实上，这一定义（或某些相近的变体）也是大多数投资者使用的工作定义。

价值投资者怎样降低这种风险？通过投入较少的钱。不是通过少买些股票，而是通过以更低的价格买入相同数量的股票。

我们可以用一个极端的情况来例证。如果一只股票的价格为0，那就没有风险。之所以没有风险，是因为我们没有投入资金，无钱可亏损。就好像一垒和二垒彼此相邻一样（两垒相邻，也就不需要跑垒了）。

第4章提到，优秀的价值投资者有望随着时间的推移战胜某一标准的市场指数500个基点。然后，第11章又指出，在过去数十年里，标准普尔500指数的平均总回报率为10%左右。因此，优秀的价值投资者会追求年均15%的回报率。也就是说，15%就是目标。

第 15 章　价格推动风险

本章较早前的内容显示了购买价格较低的股票如何增大回报。它可以使业绩更接近类似于 15% 的高标准。因此，假如人们购买了被低估的股票，便开始离目标更近一步。

价值投资者对股票投资风险的看法与资产管理行业大多数从业者不一样。价值投资者将这种风险定义为：亏损的可能性；但是资产管理行业将这种风险定义为：该股票在过去一个月的平均每日变动。

资产管理行业称其为波动性（volatility），用希腊字母西格玛（σ）表示。这个字母还有一些数学上的含意，同时也有几个变体，我们在这里都不展开。但是到最后，资产管理行业对风险的定义，完全基于最近的价格波动。这种做法存在两个问题。

第一，最近的价格波动是历史的，它是已经发生了的。它们不一定预示将来会发生什么。

股价不像一个抛出的棒球。一个抛出的棒球，其速度有可能体现它的历史。如果球在片刻之前以每小时约 130 千米的速度朝着本垒板降落，那么此刻它可能以接近每小时约 130 千米的速度向本垒板飞去。这是由于惯性造成的。

但是，股票并不是实际的物体，它们的运动不受惯性的掌控。尽管我们可能想当然地认为，股票的价格会回弹、飞涨和跳弹，但事实上它们不会，它们是股票。预料它们像球那样运动，就跟想象棒球会露出笑脸一样可笑。

第二，波动性观点会导致荒谬的结果。想一想两种情形。在第一种情形中，上个月的股价在 2~3 美元波动。在第二种情形中，同样是在上个月，也同样是这只股票，其价格在 1～3 美元波动。波动性观点认为，第二种情形比第一种情形风险更大，因为价格的波动范围更宽。该观点认为，即使在第二种情形中我们以低于 1 美元的价格购买这只股票，也是第二种情形比第一种情形风险更大。这是荒谬的。

波动性观点的根本是有效市场假说。如果所有投资者都是理性的，那么片刻之前的股价将很好地反映其价值。因此，从现在开始的片刻之后，股价同样也体现了它的价值。

但是，想一想这种观点的漏洞。它依赖于人们保持异常的客观冷静，以至于我们需要依赖他们过去一个月（记得，是一个月！）的行为来确定某只股票的价值。

想想位于夏威夷的一家房地产公司 Maui Land & Pineapple Company。当我写这部分内容的时候，该公司普通股的 30 日高点比低点高出 27%。在这 30 天之中，公司的结构没有发生任何变化，夏威夷的土地或者菠萝的美味同样也没有大的变化。那么，我们真的以为，在这一个月之中，公司的价值波动了 27% 吗？

尽管风险的波动性观点误导人们，却得到了机构强有力的支持。我们容易发现其中的缘由。波动性比回报更容易掌控，尤其是在短期。对于一位基金经理来说，使多样化投资组合的价格在一个季度之内保持在设定的区间之中，要比使同样一个投资组合每年实现 15% 的业绩简单得多。

人们可以想象这样一家金融服务机构：当它正在为如何提供高于市场的回报率而烦恼不已时，却欣喜地发现自己有可能说服

第 15 章 价格推动风险　　197

客户相信，客户想要购买的，实际上是对波动性的掌控。

价值投资承担的风险也与风险与收益权衡（risk-return trade-off）原则有冲突。这一原则认为，获得更高潜在回报的途径是承担更大风险。按照这种逻辑，通往15%业绩的道路，是由天使投资、被误解的大宗商品基金和新兴市场证券而铺就的，而这些证券甚至连联合国都无法找到发行国。

价值投资不是简单地拒绝风险与收益权衡。它应该反过来说。它不是坚持认为，跑赢市场的业绩可能在面对更低的风险时出现，而是认为，由于降低了风险，所以可以实现跑赢市场的业绩。

这种观察视角，引出了价值投资一个更广为人知的概念：安全边际（margin of safety）。所谓的安全边际，就是聪明的投资者在购买股票时需要的巨大折扣，也是我们允许自己犯错误的空间。正因为如此，我们不是等待股价变得低一些时就出手买入，而是等待股价变得不可否认的低时才出手买入。这样一来，即使我们的分析在某些方面搞砸了，仍然不可能亏损大量金钱。对大多数人来说感到惊讶，但对我们来说是直觉，用这种方式掩盖股价的下行，往往有着产生不寻常的上行的这种令人高兴的效果。

总结

1. 波动性与风险是不同的。
2. 股票的历史价格不会决定其将来的价格。
3. 风险的波动性观点,没有体现买入时的价格。
4. 以低价格买入公司的股票,既增大回报,又降低风险。
5. 风险的波动性观点获得了机构的支持,而且这种趋势还会继续下去。
6. 价值投资将风险与收益权衡反过来。
7. 安全边际是价值投资者允许他们自己犯错的空间。

第16章　错误判断和错误行动

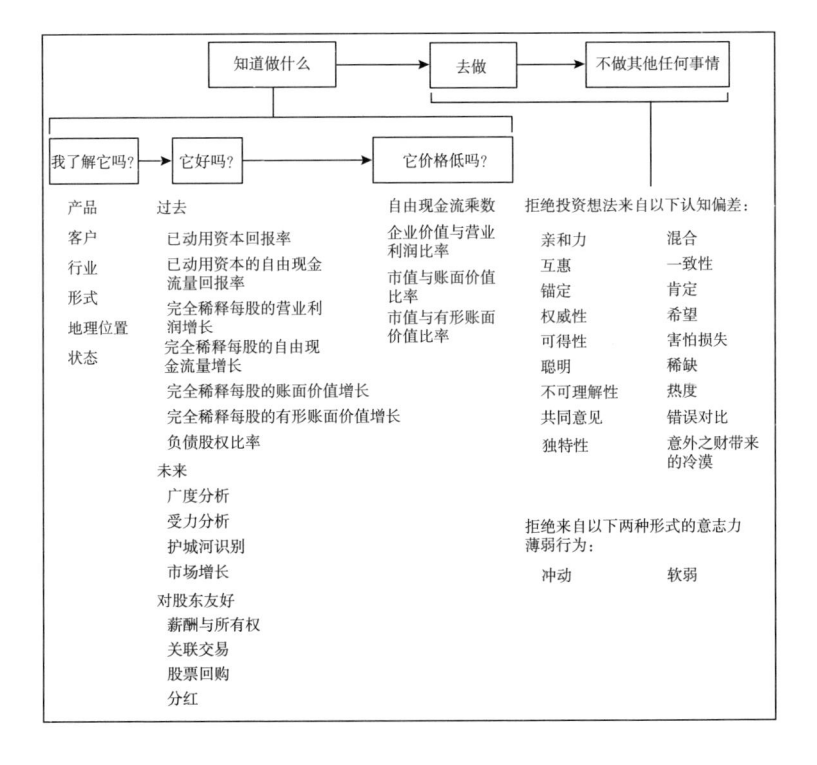

```
                    ┌──────────┐    ┌──────┐    ┌──────────────┐
                    │ 知道做什么 │───▶│ 去做 │───▶│不做其他任何事情│
                    └──────────┘    └──────┘    └──────────────┘
       ┌───────────────┬───────────────┐
       ▼               ▼               ▼
  ┌─────────┐    ┌─────────┐    ┌───────────┐
  │我了解它吗?│    │ 它好吗? │    │它价格低吗?│
  └─────────┘    └─────────┘    └───────────┘
```

我了解它吗?	它好吗?	它价格低吗?	拒绝投资想法来自以下认知偏差:	
产品	过去	自由现金流乘数	亲和力	混合
客户	已动用资本回报率	企业价值与营业利润比率	互惠	一致性
行业	已动用资本的自由现金流量回报率	市值与账面价值比率	锚定	肯定
形式	完全稀释每股的营业利润增长	市值与有形账面价值比率	权威性	希望
地理位置	完全稀释每股的自由现金流量增长		可得性	害怕损失
状态	完全稀释每股的账面价值增长		聪明	稀缺
	完全稀释每股的有形账面价值增长		不可理解性	热度
	负债股权比率		共同意见	错误对比
	未来		独特性	意外之财带来的冷漠
	广度分析			
	受力分析		拒绝来自以下两种形式的意志力薄弱行为:	
	护城河识别			
	市场增长		冲动	软弱
	对股东友好			
	薪酬与所有权			
	关联交易			
	股票回购			
	分红			

价值投资模型中的前3个步骤，即"我了解它吗？""它好吗？""它价格低吗？"，排成了一排。但结果表明，这3个步骤是较低的一排，因为在其上方并且偏右的位置，是3个较高步骤，它们又排成一排。这3个较高步骤分别是"知道做什么""去做""不做其他任何事情"。

这3个较高步骤中的第一个，即知道做什么，这需要3个较低步骤。我们确保自己了解企业、企业运营良好、企业股票价格低之后，才知道做什么。尽管大多数投资者很难知道做些什么，但我们简明直接的方法，使得他们有可能知道自己该做什么。

在本书的前言部分，我们将价值投资模型描述为跨学科的。它综合了金融学、战略学以及心理学的知识。

知道做什么，融汇了金融学与战略学这两个学科的知识。但接下来的两个较高步骤，即去做和不做任何其他事情，则有所不同，它们完全汲取心理学的知识。

去做，就是要在该采取行动的时候果断行动。例如，这意味着，当一家得到很好了解的、运营优良的企业的股票价格低时，我们就买入股票。但事实证明，大多数人不可能做到这一点。这需要人们恰好在其他人似乎都在抛售某只股票时，投入自己的资金买入这只股票。这要求人们灵活地采取逆向投资的心态，而这是大多数人天生不具备的。

第三个较高的步骤，即不做其他任何事情，甚至更难。对许多人来说，这是一种折磨。它要求人们采取价值投资的理念，而且只以这种理念投资。由于价值投资是只有在长期投资中才能创造最好业绩的投资策略，因此将现金分散到其他的投资策略中有可能稀释了总体的业绩。这意味着，你不能买入价格过高的魅力股、不能买入被误解的共同基金，不能有在技术初创企业中的天使投资。

我个人发现这很难做到。只要尝试着每个周末都和风险资本家踢足球，并且让你的投资组合不受下一个重大事件的影响，你就知道这为什么难以做到。我试过这么做，但要说完全没有受到风险资本家观念的影响，也有点开玩笑的成分。

心理学开始对我的投资生涯没有用处，后来却变成了不可或缺的一部分。我在加州大学洛杉矶分校（UCLA）读大一时，念经济学专业，一直远离心理学。我的教授们支持这样一种假设：人们会理性行动，在决策之前会权衡成本与效益。由于人们都是客观冷静的，为什么还要详细阐述非理性呢？甚至校园的实际布局也强化了这种分隔，将经济学系和心理学系的大楼用半公里的绿化带隔离开来。

接下来，在我大三那年的秋天，应该是1987年10月19日，股市迎来了暴跌，创下道琼斯工业平均指数历史上最大的单日跌幅。碰巧那天早上我穿着纽约证券交易所发的运动衫，看起来显得有些顽皮，但事实上恰好反映了大多数人当时的心态。

"黑色星期一"，也就是人们所熟知的1987年10月19日，把头脑清醒的人的假设提出来，供大家仔细研究。理性的人们怎么可能使这种暴跌发生呢？

很快，事情就开始发生变化。经济学系对投资者思维的一些早期研究重新产生了兴趣。丹尼尔·卡尼曼（Daniel Kahneman）和阿莫斯·特沃斯基（Amos Tversky）两位教授撰写的一篇题为《展望理论》（Prospect Theory）的开创性论文开始流传。最终，有效市场理论被降级为假设。随着时间的推移，新兴的行为经济学越来越突出地与效用理论竞争，以解释投资者为什么做他们所做的事。2015年，美国经济学协会选择了一位行为经济学家担任其主席。

心理学的出现，并没有让价值投资者感到震惊，他们已经习惯了人类的怪念头几十年了。价值投资先驱本杰明·格雷厄姆（Benjamin Graham）和戴维·多德（David Dodd）在他们的第一本书中描写过"人类天性的因素"和"主流心理学"。格雷厄姆在后来写的一本书中引入了"市场先生"这个角色，并且赋予其喜怒无常的性格。到了晚年，格雷厄姆在他的讲学生涯中继续参考心理学。他的大部分职业生涯都在加州大学洛杉矶分校度过，在我到那里之前，他已经当了30年的兼职教授。

当我在1999年致力于采用价值投资方法时，心理学已经作为一个强大的金融因素而被人们接受，本该如此。如果我不得不做出一个选择，要么放弃我的心理意识，要么放弃我的定量技能并仍然当一名投资者，我会毫不犹豫地选择后者。

我不是心理学家，但我已经看到了人们非经济行为背后的非理性模式。我研究了4位专家（稍后我会介绍他们）的作品之后，补充了这些观察。这4位专家，使得我在这个领域中逐渐提升了能力。

在辨别了危害之后，我们可以管控它们。因此，知道我们的直觉是怎样使我们误入歧途，是阻止它们将我们带上歧路的关键。正因为如此，聪明的投资者拒绝接受来自认知偏差（cognitive bias）的判断。我重点关注 18 种认知偏差。

第一种偏差是亲和力（affinity）。亲和力就是喜欢。这种偏差会因为我们喜欢与某只股票相关联的东西而促使我们买入这只股票。我们可能觉得某公司 CEO 具有非凡的魅力，或者对某公司新产品的发布感到兴奋不已，在这种兴奋心情的驱使下开始追逐这家公司的股票。当然，CEO 的吸引力以及新产品的推出，与公司的前景是有关联的，但绝不能让它们影响了我们的判断。它们绝不能成为我们坚持某个投资想法的理由。

亲和力偏差也会起反作用。我们可能由于不喜欢与某项投资相关联的东西而不成熟地放弃考虑它。或许某家公司一些已经过去很久的事情让我们反感，就像吹捧股票的基金经理生硬的作风让我们不爽一样。但这些是与事实不相干的论点，并不重要。

第二种偏差是互惠（reciprocity）。互惠是一种像他人对待我们的方式那样来对待他人的倾向。在金融界，它常出现在投资机构中。上市公司的投资者关系部门经常向职业的基金经理示好。后者受到亲切的对待，便倾向于购买该上市公司的股票，而不去仔细审查。

互惠偏差也会起反作用。当一些机会来自我们认为给我们带来了伤害的源头时，我们可能不再考虑这些机会。例如，假如某位基金经理没有收到某家公司资本市场每日例会的邀请,他可能把这家公司的股票放在最后考虑。

互惠不同于亲和力。亲和力并不需要被投资者对投资者采取某种特定的行动,但互惠需要。

第三种偏差是锚定(anchoring)。锚定是与不重要的基线来对标,它可能表现为仅仅因为价格从高位下降而买入。锚定也在卖出股票时起作用。某位投资者也许仅仅因为股价上涨并且超过了购买价格而卖出股票。真正重要的是相对于价值的价格,而不是相对于之前价格的价格。毕竟,假如某只股票的价格刚刚上涨了,但仍然低于其内在价值的水平,那么价格有可能上涨得更多。

第四种偏差是权威性(authority)。权威性偏差使我们倾向于接受我们欣赏的人支持的投资想法。这是跟风(following)。我们很自然地会从我们尊重的人或实体那里寻求指引。但是,过度相信权威会让人变得不那么客观。

权威性偏差会反过来驱使我们忽视那些我们认为不如自己的人的投资建议。例如,假设某位和我们相比没怎么接受过正规教育的人向我们建议某个投资机会,那么权威性偏差可能导致我们拒绝这个机会。这同样徒劳无益,因为好的投资想法可能有各种各样的来源。

第五种偏差是可得性(availability)。可得性偏差着重强调我们脑海中最先冒出来的想法,不管它总体的相关性如何。那些信息可能是最近获得的,可能是他人生动地介绍的,抑或是引起了我们情绪上的共鸣。不管是什么原因，它萦绕在我们的脑海中。我们倾向于给那些表面上有力量的记忆赋予过大的权重，这可能致使我们忽视其他有意义的事实。卓越的投资，需要更加均衡地精选投资对象。

第六种偏差是聪明（cleverness）。聪明偏差使我们倾向于采用那些让我们感到自己很聪明的投资想法。这种偏差支持需要锻炼脑力的观察和分析，这使我们能够享受在自己智力的"海洋"中游泳的乐趣。

反过来，聪明偏差使我们远离那些看起来似乎过于简单的投资。它使我们不信任自己能够迅速理解投资机会。这是有害的，因为许多值得投入的投资想法，确实非常简单。

第七种偏差是不可理解性（incomprehensibility）。不可理解性偏差导致我们越是不了解某项投资，就越想投资。它使我们将不可理解性与独特性混为一谈。它可能激励我们把某个模糊投资机会的推广者当成专家，以为他向我们传授了我们不可能获得的知识。或者，不可理解性偏差促使我们追求那些用专业术语来描述的投资，把对投资机会拐弯抹角的描述当成高质量。

不可理解性偏差反过来也会导致我们拒绝一些简单描述的投资机会。我们拒绝这样的机会，因为它们并不难。

不可理解性偏差不同于聪明偏差。聪明偏差针对的是真正复杂的投资想法，而不可理解性偏差只是以一种复杂的方式表达投资想法。

第八种偏差是共同意见（consensus）。共同意见就是做其他人正在做的事情，它使我们倾向于受欢迎的投资。这制造了过度支付的风险，因为流行的证券在价格上被抬高了。当一项投资变得不受欢迎，甚至是令人厌恶时，其价格才可能下跌到低于价值的水平。

当然，某个投资想法缺乏普遍的共识，并不足以使之变得有吸引力，它也可能真的不好。因此，最好是把不受欢迎看作某次购买机会的必要条件而非充分条件。

第九种偏差是独特性（peculiarity）。独特性使我们重点关注那些独一无二的投资。这种偏差与共同意见偏差相反，它使逆向投资者和那些特别喜欢自己投资想法的人苦不堪言。它和聪明偏差类似，只不过它追求那些不一定十分复杂而只是不同的投资机会。

独特性偏差反过来也会使我们无法接受我们自己没有想到的那些投资想法。它妨碍我们从他人身上学习，这限制了投资机会的普遍性。

第十种偏差是混合（intermixing）。混合偏差导致我们更喜欢那些看起来另类的持股。它使我们倾向于购买在我们的投资组合中脱颖而出的那些证券。对普通的投资者而言，这可能相当于拍一部关于有限合伙权益的故事片，使之看上去很有吸引力，尽管这类投资业绩往往不佳。

当混合偏差起反作用时，它会使我们排斥那些并非与众不同的投资机会。这与独特性偏差相似，但对照的是我们自己的投资组合，而不是对照其他人的投资机会。

注意，混合与分散（diversification）截然不同。分散是用不同类别的资产来构建投资组合，以避免所有的资产类别在同一时间下跌。这或许是一种可接受的思维方式，但混合偏差是只为了好玩而选择不同的资产。

第十一种偏差是一致性（consistency），也被称为承诺与一致性（commitment and consistency），它导致我们与先前的行动保持一致。这种偏差使我们不愿意改变主意，特别是，需要我们改变别人知道我们所采取的立场的时候。它可能导致我们买入更多已经持有的股票，即使发行者已经显露了真正的缺陷。

一致性偏差不同于坚持不懈（perseverance）。坚持不懈是当任何对立的指标无关紧要时，坚定地持有某只股票。在投资中，坚持不懈是一种好品质。如果某家各项分析指标都完美的公司，其股价毫无理由地下跌，那么坚定地持有是对的。相反，一致性偏差是仅仅由于已经持有了某只股票就坚定地持有。如果某只股票的基本面确实已经严重恶化了，我们却以保持一致的名义不把股票卖出，是一个错误。

第十二种偏差是肯定（confirmation）。肯定偏差使我们更喜欢那些支持我们观点的投资机会。它和一致性偏差一样，但不需要以行动作为先例，单纯地相信就够了。

肯定偏差使我们排斥与我们的理念背道而驰的投资想法。它使我们拒绝好的机会，因为它们与我们对趋势、行业或市场的认知不一样。它制造了一种风险，即我们会不成熟地忽略那些本来值得关注的投资机会。除此之外，它还剥夺了我们更新理念以便更好地处理现实的机会。

第十三种偏差是希望（hope）。希望既可以说是一种特性，也可以说是一种偏差，它让我们相信某项投资。它让我们整理可用的信息，使积极的因素脱颖而出。它还使我们压制任何对自己不利的数据。

在人类生活的许多方面，希望都是一种美德。在体育中，希望助推我们跑得更快、骑得更远、或者跳得更高。在企业界，希望帮助我们令人信服地销售，或者高效地领导。但在大多数上市公司的投资中，希望却无法以一种有益的方式来表现自己。股票不欢迎我们的乐观主义，它们不在乎我们是否相信它们。

第十四种偏差是害怕损失（lossophobia）。正是这种恐慌催生了非理性的资产保值措施。当我们有一种迫切的冲动，随着股票价格下跌而卖出时（尽管公司的基本面依然牢固），我们便感受到这种恐慌。如果基本面真的恶化了，卖出股票可能是合适的举动。但是，把价格下跌等同于价值下降，不是合适之举。

害怕损失可能是一种悲观主义，也就是说，可能是希望偏差的反作用。它在投资者心里长期存在，以至于券商创造了一种服务于它的产品：止损单。这种创新的金融产品会在持股价格低于某个特定价格时自动将该股票卖出。它不但没有把下跌当成买入的机会，而使损失真正发生了。最好把它叫"制损单"（制造亏损）。

第十五种偏差是稀缺（scarcity）。稀缺偏差使我们倾向于选择那些我们认为将会稀缺的投资机会。正所谓"物以稀为贵"，我们认为某项投资越稀缺，便越想在它身上投资。首次公开募股（initial public offering，简写为IPO）的发起人在吹捧IPO获得超额认购时，恰恰利用了这种偏差。

稀缺偏差迫使我们排斥那些似乎大量存在的投资机会。它可能使得那些容易找到的交易看起来不好，仿佛随处可见的投资本身就暗示着低质量。

稀缺偏差也在卖出方面起作用。如果我们持有一家经营正在恶化的公司股票，但其股价还没有下跌，我们可能推迟卖出，因为在我们看来，以可接受的价格来卖出这只股票的机会，似乎一直都会有。

第十六种偏差是热度（hotness）。这是一种相信某只股票会表现得非常出色的信念。这种偏差更加正式的名称为热手谬误（hot hand fallacy），它是在人们取得了一系列良好的投资收益之后出现的。它是一种连胜的感觉。随着这种感觉越来越强烈，投资者会以为，下一次买入会与上一次买入产生同样的收益魔力。

热度偏差反过来也会导致我们在出现几次连续的亏损后，拒绝投资。在这种情况下，我们可能相信，我们正处于失败状态。

第十七种偏差是错误对比（miscontrast）。这种偏差导致我们青睐绝对意义上并不好，但在特定时间内胜过其他投资产品的产品。它建立在一种谬误的基础上，这种谬误便是：当前低价格的机会将持续下去。这就产生了一种风险，即我们将把资本一直绑在某项只有边际利润的投资中，使得我们没有留下必需的资金去参与某个真正重大的投资项目。它剥夺了我们现金的选择价值。

错误对比偏差通常出现在股价过高以至于便宜的股票十分罕见的时候。

第十八种偏差是意外之财带来的冷漠（windfallapathy，一个合成的英文单词。）

出乎意料地获得大笔现金的人可能会粗心大意地对待某些投资，例如，这些人可能获得一笔巨额的遗产，或者赢得了出售家族企业所得的收益。他们可能投入资本去追求首次公开募股或不确定的新兴市场证券。这种偏差看起来就好比他们试图将自己的财富净值降至以前的水平。

意外之财带来的冷漠是可以理解的。降低投资标准可能在提醒人们，钱并不像以前那么稀缺了。它也可能提供暂时的愉悦感，使人们感觉自己很重要。但是，不良投资会导致真正的亏损，从而摧毁任何新的财务安宁。不管意外之财带来的冷漠偏差一开始看起来多么好玩，最好尽早将它扼杀。

如果仅仅出现了一个潜在的判断错误的根源，并不会使投资机会变得糟糕。只有当认知偏差主导了选择，压制了客观性，它才不好。例如，看到某位受人尊敬的投资者做些什么，是产生投资想法的一种合理方式，这并不一定是权威性偏差在起作用。只有当价值投资模型并不推荐某项投资，而我们还是进行了那笔投资时，才是权威性偏差在起不好的作用。正因为如此，我们要拒绝的判断，是由认知偏差产生的判断。

有几种认知偏差可能同时起作用。例如，如果一家受人尊敬的投资银行强力推荐一次超额认购的首次公开募股，那么权威偏差和稀缺偏差也许同时出现，这可能强化了这两种偏差的有害影响。我也遇到过这种情况。

在本书的前言中，我概括了我犯过的 3 个投资错误，每一个都是由几种认知偏差共同导致的。

在第一个错误中，当可口可乐公司的股票价格明显上涨，超过其价值时，我没能卖出股票。为什么？亲和偏差是部分的原因，因为我喜欢可口可乐的偶像级地位。还涉及权威性偏差，因为一位我敬重的基金经理坚定地持有可口可乐公司的股票。除此之外，一致性偏差也来捣乱，因为对我来说，持有这只股票是确定我此前对该公司持久价值认可的一种方式。

我较早地卖出了耐克的股票，又是怎么回事呢？首先，锚定偏差驱使我这么做，因为我将耐克正在疯涨的股价与我为它付出的小钱进行了一番对比。其次，权威性偏差也在起反作用，因为一位著名的投资家刚刚卖出了他的耐克股票。共同意见偏差也以同样的方式起作用，因为我关注的大部分基金要么没有持有这只股票，要么正在卖出。

我没能买入米勒工业公司的股票，也是由于一连串认知偏差导致错误的判断。首先，混合偏差起着相反的作用，因为对我来说，米勒工业公司仅仅只是投资组合中的另一只工业股票，而我的投资组合中，已经包含了好几只这样的股票。其次，错误对比偏差也在起反作用，因为米勒工业公司只是我当时正在考虑的几只好股票中的一只。最后，独特性偏差也在起反作用，因为这家公司是一位同行向我推荐的。

我很高兴地说，所有这些错误都发生在几年前，我已经意识到自己容易受到影响，并且对其他认知偏差保持警惕。

注意，这 18 种认知偏差可能使投资者之间产生某种信任。例如，我们可能对受共同意见偏差支配的某个人感同身受。投资者做出的不良决策，可能是受做出同样差劲决策的其他人所影响。通过共同意见的反常透镜，就可以解释为什么出现错误判断了。

但是，假如并不存在错误判断，却出现了错误行为，又是怎么回事呢？

我见过这种情形。在 2008 年金融危机时期，我的几个熟人以巨额亏损价格卖出了一些上市公司的股票。他们知道认知偏差，也并非急需现金，而且有理由相信更高的股票价格最终会带来回报。他们中的一人，曾经是行为经济学领域某位公认先驱的学生。然而，他们全都卖出了股票。他们好像是故意失败的，为什么呢？

人们这种违背自己更好的判断而行动的现象，并不新鲜。人类也不需要去解释它。古希腊哲学家亚里士多德（Aristotle）很好地解释过这种现象。他称之为意志力薄弱（akrasia），意思是缺乏应有的约束。

亚里士多德在《尼各马可伦理学》（*Nicomachean Ethics*）这部著作中定义了两种意志力薄弱。每一种都是一个陷阱，即使在没有错误判断的情况下，它也能操控投资者的行为。

第一种意志力薄弱是冲动（impetuosity），也就是鲁莽行事，不经过大脑思考而做某件事。冲动难以对抗，因为它感觉就像是在运动、人际关系和生活等其他方面为我们服务的本能。

要战胜冲动，关键在于认识到它是短暂的。它在萌发的时候感觉很强大，但在退去的时候也十分迅速。不过，冲动之下做出的选择影响持久。它们可能导致永久的资本损失，这绝不是一种影响短暂的结果。

第二种意志力薄弱是软弱（weakness），它是在深思熟虑后被动地屈服于激情。它将使我们做一些我们完全知道是愚蠢的事情。在金融危机时期我熟悉的投资者做出的屈服，恰好是这种意志力薄弱的体现。

软弱可能因为掩盖错误判断的根源而显得模糊不清。想象一下，一位恐惧的投资者在一家卓越公司的股价毫无缘由地暴跌时卖出该公司的股票。是不是害怕损失偏差导致卖出？或者，是不是投资者明知道卖出是错误的，却依然屈服于软弱而抛售？这里显然有些重叠。但是，这带来了其他的好处，它提供了多种视角，通过这些视角，人们可以发现正在形成的错误。

意志力薄弱是麻烦的，这是人性最脆弱的一面。我们难以了解它的起源，但它十分真实。不管是有意还是无意，人们会参与各种各样的放纵行为，这对他们是有害的。当意志力薄弱现象发生在投资者身上时，将导致持续的经济损失。

亚里士多德是我早前提到的4位思想家之一，正是因为他，我才能更好地了解我们每个人会怎样思考。我完全赞同他关于意志力薄弱的观点。

另外几位思想家都是和我们同时代的人，其中一位是美国心理学教授罗伯特·西奥迪尼（Robert Cialdini）。西奥迪尼研究销售情形。他发现，优秀的销售专家使用6种方法的结合来鼓励客户购买，这6种方法是：亲和力、权威性、承诺与一致性、共同意见、互惠、稀缺。很快，价值投资者改变了他研究成果的用途，他们认为这6种方法是采取不应该采取的财务行动的原因。

西奥迪尼的著作《影响力》（Influence）阐述了一些绝妙的洞见，这是他对其学术研究成果的一次凝炼。阅读了这部著作的投资者乐享一种无与伦比的优势。我们很难想象还有什么人能够对价值投资实践做出比西奥迪尼更大的贡献。

最后两位专家是丹尼尔·卡尼曼和阿莫斯·特沃斯基。除了其他许多的功绩，这两位合作者还揭示了可得性偏差。

和我在1989年刚刚涉猎投资领域时相比，错误判断和错误行动更容易伤害今天的股票投资者。那个时候，引发投资者采取行动的消息通常来自报纸。要进行股票交易，投资者必须放下报纸、跟股票经纪人通电话，然后再下单。这种笨拙的操作之中还包含一些间歇时间，在这些时间里，我们可以阻止自己匆忙操作。过去流程中的间歇时间，给了理性一个获胜的机会。

但互联网消除了这些间歇时间。今天，投资者通常在某个浏览器窗口中浏览财经新闻，在另一个浏览器窗口中与经纪公司进行交易。智能手机问世后，人们甚至不必坐下来就能操作。这种毫无间歇的流程，将谨慎拒之门外，也使得人们没有机会阻止正在做的傻事。因此，对投资过程的反思，比以往任何时候都更加有益。

只要人们将心理学作为一种力量来接受,便可以将其作为一种优势充分利用。我也试着发挥心理学的作用。在确定买入或卖出之前,我会对包含之前描述过的 20 项内容的列表逐一标记。我会考虑 18 种认知偏差和两种类型的意志力薄弱。我会问,这是不是权威性偏差在起反作用?我是不是陷入了互惠偏差之中?诸如此类。这个过程所花时间并不长,能够引发我进行足够的内省,阻止自己做蠢事。尽管我可能还会犯错误,但不太可能是心理学上的那种错误。

仅仅是知道了某项活动的危险,就能使我们免受这些危险的影响。这正是我们为错误判断和错误行动的来源贴上简单标签的原因。这种做法有助于我们尽早地识别它们。当我们觉得那些错误在自己内心不断膨胀时,我们可以暂时停下来,重新找准心理定位,以一种能够收获长期效益的方式来行事。

总结
投资者的错误判断是由18种认知偏差的某些组合而导致的,这18种认知偏差是:
1. 亲和力。
2. 互惠。
3. 锚定。

4. 权威性。

5. 可得性。

6. 聪明。

7. 不可理解性。

8. 共同意见。

9. 独特性。

10. 混合。

11. 一致性。

12. 肯定。

13. 希望。

14. 害怕损失。

15. 稀缺。

16. 热度。

17. 错误对比。

18. 意外之财带来的冷漠。

投资者的错误行动由两种形式的意志力薄弱中的一种所导致。这两种形式是：

1. 冲动。

2. 软弱。

第三部分
投资组合管理

第 17 章 投资组合与股票卖出

当一只被充分了解的、业绩良好的公司股票价格较低时，我们决定买入。但是，买多少呢？

我的原则很简单。假如我有足够的未投资现金，我把投资组合的 10% 放在这只股票上。很多时候，我见过其他一些优秀的投资者运用更复杂的指导原则，但我发现没有哪些指导原则比我的更加贴近实际。

如果我对投资组合中 10% 以上的权重赋予这只股票感到不安，那我就不想要这只股票。如果我确信我要尽量少买入，那我就什么都不买。

强烈的确信很重要，部分的原因是，每一只股票在投资者刚刚买入之后，价格几乎一定会下跌。这是另一个接近确定的必然结果：买入股票时的价格，不可能处在低点。已经跌到谷底的价格，不会给投资者发来邀请。所以，我们不可能知道什么时候价格会降到最低点。聪明的投资者预料到自己会错过股票的最低价格。

相应地，我不喜欢把超过投资组合 10% 的份额放在单只股票上。如果这么做，便减少了我充分利用其他投资机会的可能性，因为到时候我会缺少必要的现金。

买入是构建投资组合的一个方面，另一个方面是卖出。

卖出存在两个问题。第一是税务。如第 4 章提到的那样，大多数情况下，实现了盈利的股票卖出是要纳税的。通过例子可以清楚地说明这将损失多少长期回报。

想象两个投资组合。每个都只做现金，只购买不分红的股票，而且在 30 年后清算，同时假定，任何一次股票的卖出，都要承受总计达 30% 的长期资本所得税。

第一个投资组合在建立的第一天就用全部资金购买了股票。它每年都实现了税前 15% 的增值，在清算日到来之前不卖出任何股票，并且到清算之时立即缴纳所有应缴税款。

第二个投资组合也在建立的第一天用全部资金购买了股票。它同样每年实现了税前 15% 的增值，但是投资者每年都对这个投资组合中的股票彻底"翻动"一次。也就是说，到每年的年底，它会把所有持股卖出，并用全部的税后收益立即买入不同的股票。到 30 年后清算时，同样也立即支付所有应缴税款。

到 30 年期限结束时，第一个投资组合的收益比第二个更多。但令人震惊的是到底多出多少。最后我们算出，第一个投资组合获得的收益，是第二个投资组合的两倍还多。这是因为，当第二个投资组合每年都支付其资本所得税时，便将第二年的增长数额削减了15%。换句话讲，持续的税收减弱了复利的力量。

相反，第一个投资组合的资本一直都没有被削减。每过一年，它都以更大的数字来乘以15%的增长率。[①]

当然，人们绝不可能指望某个股票投资组合每年恰好以15%的幅度增值，而且立即找到一些股票来替代刚刚卖出的股票的可能性也不大。另外，30年的期限是我们任意挑选的，而30%的税率，也并非适用每一个人。尽管这是个简化的例子，但是也凸显了频繁卖出所带来的损失。

卖出股票的第二个问题是替代选择。已经被充分了解并且运营很好的公司，其股票不会每天都适合投资者买入，买入时机很难掌握。但是，在并不急切需要现金的情况下，每卖出一次股票，又都要寻找下一个投资机会。

不过，即使存在这两个问题，以下4种情况卖出股票也是合理的。第一种情况是股票的价格超过了价值。如果企业价值与营业利润比率超过了25，而且没有缓解的趋势出现，则没有理由继续持股。

第二种情况是，我们起初以为公司经营很好，但事实证明并非如此。这可能是最初的分析出了错。也许是因为新进入者的威胁比它一开始呈现得更强劲；或者是本来以为市场将增长，实际情况却相反；或者是情况发生了变化。也许一家曾经强大的零售连锁店感受到了网上卖家带来的巨大压力，或者在政策利好之下繁荣发展的公

① 请登录这个网址查询：http://www.goodstockscheap.com/17.1.xlsx。

司，却在利好消失之时步履维艰。

一致性偏差可能使我们难以理解这样的情形。我们想持有股票，只为了验证我们买入是合理的。但我们的分析可能真出错了，而股市所处的环境也确实发生了变化。在这些情况下卖出股票，既可以避免实际亏损，也可以避免错过将现金重新配置到更好投资产品上的机会。

第三种情况是所投资的公司被收购时。有时候，上市公司被别的公司收购。如我们在第 14 章中看到的那样，类似的交易通常以高于近期交易价格的价格进行。关于这些事宜，可能需要股东们投票决定，但对于并非大股东的人来说，这是一种敷衍，普通投资者实际上是没有发言权的。

我所投资的公司被收购过几次，我不喜欢这样。它将一项令人愉快的增值投资变成了应税事项。但如果有利润可赚，加之没有其他选项可供选择，那么接受这样的股票卖出是合理的。

第四种情况是，需要现金投入到另一项比已经持有的投资明显更好的投资之中。这其中的问题在于，新颖的投资想法往往带有一种特殊的承诺。它们是新的。在这种情况下，希望偏差最容易起反作用。因此，当我认为自己发现了这种明显更好的投资机会时，我会对自己的推理产生极度的怀疑。我从来没有为了买入某家公司股票而把另一家公司股票卖掉。

对于卖出股票，两个被人们经常引用的理由使我感到困惑。一个常见理由是调整投资组合（rebalancing）。之所以卖出股票，是因为随着股票增值，其在投资组合中所占比例会进一步增大。

对那些将风险等同于投资组合总波动性的投资者来说，调整投资组合是有道理的。但我不这么认为。我从来没有发现这种做法在卖出方面的好处。对我来说，在买入方面来调整投资组合更加合理，这是因为如果增值的股票被卖出，将导致投资组合中这些持股的重要性下降，也意味着持仓成本下跌。现在，人们能以更低的持仓成本买入更多股票了。不过，在我看来，调整卖出方面的投资组合，好比是锚定偏差在起作用。

另一个常见理由是，证明投资的成功。卖出被视为抵达终点线。在这种看法的背后，潜藏着一个观点：现金在某种程度上比股票更真实。

事实并非如此。现金和股票是财富的不同形式。实现了的收益并不会比未实现的收益更具体。和明智地持股相比，卖出股票不会展示任何更强大的投资能力。

之所以卖出股票的现象会发生，还有另一个原因。它仅仅涉及机构的投资组合，如对冲基金。它与薪酬有关。

在第 1 章中我们提到过，投资基金通常每年给基金经理支付管理资产的 2%，另外再从超出某个限值的收益中抽取 20% 作为报酬。这个 20% 适用于税前收益，它没有考虑税费。出于这一原因，专业人士可能会比他们的有限合伙人更热衷于卖出。毕竟，除非有限合伙人的收益是免税的，否则他们将承担基金实现收益所产生的大部分税收责任。

人们有巨大的动机卖出股票。卖出股票，给人的感觉很好。这是决定性的。它把经纪账户对账单变成一张祝贺卡片。但是，它也带来了税费，并且在并不急需现金的时候，迫使人们紧接着要着手寻找价格便宜的股票。当卖出股票是明智之举时，它的理由是非常清晰明确的。例如，股票的价格过高、分析出了错、情况发生了变化、被收购了，或者有了更好的投资机会。如果没有这种清晰明确的理由，我选择继续持股。

即使没有主动地卖出股票，股票投资组合也可以产生现金。怎样产生？有两种方式。第一种是前面提到过的收购。

第二种是分红。分红的数额可能变得相当大。这一事实在通常被引用的分红收益率的指标中被忽略了。

分红收益率等于年度的分红数额除以当前的股价。但对于一个所有人来讲，当前只体现在分子上。

我第一次购买耐克的股票时，分红收益率约为 2%。10 年以后，我卖出这只股票时，这一比率仍为 2% 左右。但到那个时候，我的分红收益率已接近 10%（即用当年的分红数额除以我买入股票时支付的价格）。随着时间的推移，分红的数额见涨，但我支出的成本并没有上涨。就是这样，分红成为一种日益繁荣的现金来源，除了那些获得了分红的人，其他人都没有认识到这一点。

还记得吧，我的投资组合是集中（concentration）的。它包含的股票数量不超过 12 只，而且通常比这少得多。我是故意不将它分散的。许多好的股票投资组合是分散的，但我的不是。

我之所以选择集中，是因为我观察到，随着时间的流逝，好的且集中的股票投资组合的业绩，往往胜过分散的股票投资组合。其原因在于，分散的投资组合更像是某个指数，它们之中包含更多的股票。投资组合越是像某个指数，它的表现也越像指数。它既难以模仿也难以超越别的股票。

当然，不好的且集中的股票投资组合的业绩，肯定不如分散的投资组合。集中并不足以保证业绩跑赢市场。但是，如果在建立投资组合时深思熟虑，使得其中包含一批集中的、以低价格买入的、业绩优异的公司股票，那么这种投资组合具有格外美好的前景。

虽然我不在股票投资组合之中分散投资，但我在投资组合之外分散。我总是在手头留存足够的现金，以支付几年的费用。随着年龄的增大，我还得留存能够支付更多费用的现金。

这些现金并不是为股票投资组合买入更多而准备。它是股票投资组合以外的、储存在联邦担保的银行中的现金。它们就是现金或者开销，不作其他用途。

留存的现金使我能够信心十足地应对股价的剧烈波动，而这种波动必然会与集中的股票投资组合相伴。正是手头有这些现金，我才能够从长计议来投资。2008年金融危机来袭时，我的股票投资组合的价格遭到腰斩，但我没有恐慌。我知道自己有足够的现金来支付所有的支出。我没有必要恐慌。

许多政府为银行存款提供保险。保险范围依国家不同而各异。在美国，联邦存款保险公司担保的存款额度通常高达25万美元。在英国，金融服务补偿计划为7.5万英镑的存款提供担保。在加拿大，加拿大存款保险公司担保的存款额度为10万美元。

由于留存现金的目的是避免产生恐慌以至于在不好的时机卖出股票，因此明智的做法是在存款保险限额的范围内留存现金。毕竟，在几家不同的银行开设账户，不是什么难事。

留存的现金最好与你支出的货币相同。如果不是，外汇汇率的波动会损害你偿还债务的能力。

在我写这些内容时，英镑兑美元汇率跌至30年来的最低点。这是在英国做出脱欧决策之后出现的汇率波动。一些美国投资者认为，这一暴跌过了头，所以投资英镑。

对那些支出美元的人来说，类似这样留存的英镑不能算是留存现金。相反，它们被视为外汇投资（currency investment）。

两种形式的存款看起来很像是留存了现金，但其实并不是。第一种是定期存款（certificates of deposit，简写为CD）。在美国以外的国家和地区，它们通常被称为定期存单（time deposits）。这些存款比普通银行户头中的存款利率更高一些，但是在预先确定的期限之内，必须把存款存在银行里。如果提前支取，就要交纳罚金，而罚金可能冲掉了额外的利息收入。

理论上讲，如果定期存款的利率比普通利率高出许多，人们可以将一部分留存现金以定期存款的方式储蓄。但这部分现金必须是锁定期内不需要的金额。

我没有使用定期存款来留存现金。因为需要现金的时间点不确定，我更喜欢把留存现金以不需要成本且随时可用的方式保存起来。

另一种像是留存了现金，但其实并不是的方式是类似现金的基金。它们同样也提供较高利率。这方面的一个例子是投资商业票据（commercial paper）。商业票据是由公司发行的一种短期票据。

这种类似现金的票据通常发挥着跟现金一样的作用。人们可以用它来支付账单。但我看到过它们无法当成现金使用的情况。在金融危机时期，我的一个熟人惊讶地发现，她的金融机构暂停了从这种基金中取款出来。这样一来，她就无法用商业票据来支付账单了。

这种无法立即变现的可能性，是类似这些现金替代物存在的问题。留存现金的目的是免得人们在股市震荡时期产生恐慌。如果曾打算用来支出的东西却无法使用，那就无法实现它的目的。到最后，人们不得不以低价卖出股票投资组合中的部分证券，这损害了股票投资的利润。

当然，现金也有它的问题。时间久了，通货膨胀便将损害它的购买力。另外，扩张性货币政策（也就是政府印刷钞票）会进一步降低现金的购买力。但是，如果把适当限额以内的现金存入政府提供存款保险的银行账户之中，至少它始终在那里，随时可用。这种可得性使得股票投资组合价格的中期波动不仅可以承受，而且几乎微不足道。

总结

1. 确信使人们对股票买入之后可能的价格下跌做好了心理准备。
2. 当价格上涨并超过了价值、原本以为公司运营良好实际却并非如此、公司被整体收购,或者明显有更好的投资机会时,卖出公司股票是合理之举。
3. 卖出股票存在的问题是税收和替代选择。
4. 即使不主动卖出股票,股票投资组合也可以通过收购和分红而产生现金。
5. 长期来看,好的集中的股票投资组合的业绩跑赢分散的股票投资组合。
6. 储存在政府提供存款保险的银行账户中的、用于普通开销的留存现金,使得股票价格的震荡变得不那么令人烦恼。

第18章　投资的道德立场

如果一家曾考虑投资的公司做了一些人们认为不道德的事情，怎么办？

没有违反法律，也没有违反任何监管，但是做错了。在客户、战术或者领导等方面的某些事情，人们认为有违道德。

也许这家公司利用了市场的主导地位打垮了一家家族企业，使之资不抵债。也许公司的管理团队有性别或种族歧视的倾向。或者，产品的特性有违道德，因为它们不健康、令人上瘾或者危险。

不管是什么，在公司的构成要素之中（如人才培养、宗教信仰或者只是文明应该如何运作的信念等），有些东西确实传递了这样一条尖锐的信息：这个世界如果没有这家公司，反而会变得更好。

我不是以道德家的身份来探讨这个问题，我并非哲学家、传教士或者神职人员。我出于实际原因提出这个问题。

为了在长期的税后业绩上跑赢市场，人们必须在经营良好的公司中长时间持股。如果我们的投资组合与我们自己的道德立场相一致，更容易做到长期持股。投资组合不需要是典型的或者值得赞颂的，只要与我们的道德立场一致。否则，当我们在某条原则上突然醒悟时，我们可能逼得自己不划算地卖掉股票。如果这在价格便宜的时候发生，那我们的财务健康便会受到影响。

因此，较早地定义人们的道德立场是有益之举。我发现，聪明的投资者用以下4种方式中的一种来定义。

第一种是非道德性（amorality），也就是说，不通过道德的角度来审视投资。它将资产管理视为道德考虑范围之外的一种活动。换句话讲，把不断增长的财富看作投资在道德方面的责任。

第二种是道德失范（moral failure abstention），也就是说，不投资具有某些令人讨厌特点的公司。这包括一个"不投资"公司的列表，通常需要在投资时拒绝考虑制作某些（被认为有违道德的）产品的公司。香烟和手枪是两种常见产品的例子。

第三种是道德成功肯定（moral success affirmation），也就是说，只投资具有某些令人期望特点的公司。这包括一个"可投资"公司的列表，通常也涉及公司的产品。当前一个受欢迎的例子是可再生能源。

第四种是道德缺失积极主义（moral failure activism）。这涉及投资不具有期望特点公司的股票，然后以股东的身份来积极地推动公司改革。它的前提是股东对公司事务的影响比散户更大。例如，股东们或许能将股东的提议强行加入到公司年度股东大会的议程之中。

我之所以概略地叙述这 4 种道德立场，目的并不是倡导采用其中 1 种而放弃另外 3 种，而是鼓励人们从中挑选一种（或者某种变体），以免后来的绩效受到道德问题的影响。

实用性也许不是定义人们道德立场唯一的好理由，却是最容易接受的理由。尽管人们的道德观念可能随着时间的推移而变化，但我观察到，道德观念的变化，往往不如投资组合构成的其他方面的变化那么剧烈。公司秉持的道德立场是一种持久的特性，投资者要么较早地且痛苦地发现它，要么更晚地且不那么痛苦地发现它。

> **总结**
> **对于投资，有4种不同的道德立场：**
> 1.非道德性。
> 2.道德失范。
> 3.道德成功肯定。
> 4.道德缺失积极主义。

第 19 章 投资想法的来源

价值投资模型需要股票投资想法来填充。这些想法来自不同地方，有些比另一些更有成效。我认为投资想法主要有 7 个不同来源。

投资想法的第一个来源是坏消息（bad news）。关于公司的故事通常着重强调某一事件中的极端元素。这些极端元素在头条新闻中被放大了。头条新闻驱使着人类的行动，有时候甚至过了头。这可能导致股价以更大的幅度震荡，而如果人们较为冷静地看待事实的话，震荡幅度会小一些。

过度反应不仅仅来自散户投资者，也来自职业基金经理。例如，当对冲基金在季末报告其持股情况时，不希望把有限合伙人吓跑了，因此可能放弃一家经历过某些尴尬时刻的业绩优良的公司。

有时候，股价可能受到新闻的影响而下跌，但跌过了头。以百威啤酒生产商安海斯－布希公司（Anheuser-Busch）为例。

2005 年，报纸上的文章似乎在暗示，啤酒的好日子已经到了头儿。掺有红牛饮料的伏特加等一些替代性饮料正越来越受年轻人的青睐。我对安海斯－布希公司进行了分析，发现它的核心业务仍然发展得很好，但不管怎样，股价却下跌了。

正在我反复思考时，父亲邀请我到旧金山看棒球比赛。我记不清楚客队是哪支球队，也不记得谁赢得了比赛，但清楚地记得我在球场中看到的事实：人们喝了很多啤酒。

我的观察很难称得上是先进的市场研究，再加上这发生在美国的棒球场，在这种环境之下，人们自然会喝啤酒。然而，这是真实的景象，说明啤酒的好日子并没有结束。不久之后，我以每股 45 美元的价格买入了安海斯－布希公司的股票。

到 2008 年 11 月，也就是我买入股票的三年半以后，安海斯－布希公司以每股 70 美元的价格被收购。我的这次投资，连同分红在内，带给了我大约 15% 的年均回报率。我既没有寻找新的股票，也不喜欢被收购（关于这一点，我已经在第 17 章清楚地说明）。不过，为了已经获得的收益而缴税，对投资者来说是金融领域中最受欢迎的一种痛苦。

另一些时候受新闻影响的股价下跌则是完全合理的。例如，2015 年 9 月，随着大众汽车排放丑闻被公之于众，公司股价随即下跌。尽管在我撰写本书时情况仍在继续，但实际上，大众汽车内部有组织地避开了监管规定，这不好。再加上大众汽车在危机之前就被认定为一家经营不佳的公司，它的已动用资本回报率没有给人留下深刻印象。对于打算几十年如一日持有股票的聪明投资者来说，这样的公司，根本不能算是投资机会。

在一些罕见的场合，受新闻影响的股价变动是完全不合理的。这种情况可能发生，因为某个影响一家公司的故事，会导致另一家公司股票进行交易。例如，推特（Twitter）在2013年11月准备首次公开募股时用TWTR作为股票代码，结果导致了TWTRQ陷入了疯狂激增之后再极速崩溃的情形，而后者是Tweeter家庭娱乐集团的普通股交易代码，这是一家破产的电子产品零售商。

坏消息通常包括真正的悲剧。安全漏洞危及隐私，火车事故造成伤害，食源性细菌引发疾病。有良心的投资者都不希望这些不幸事件发生。

但是，耸人听闻的报道会引发不理性的混乱。价格与价值之间的差距进一步拉大。聪明的投资者打算弥合这一差距。好的投资没有像坏新闻那样的朋友。

投资想法的第二个来源是子公司资产分拆（spin-off）。所谓资产分拆，是指从某上市公司中分拆出另一家以前本来属于这家公司的上市子公司。资产分拆的过程通常从股票分发开始，即以分红的形式，将母公司的股票分发到新成立的独立子公司之中。接下来，这些新的股票开始上市交易。

通常情况下，以前母公司的股票持有人是机构投资者。当分拆的股票开始交易时，它们可能自动地卖出。这是因为，新的股票达不到它们确立的正式投资的门槛，如最低市值。这种被迫卖出的股票，可能打压了母公司和子公司的股价，假如它们都是可以理解的、经营良好的、值得投资的公司的话。

投资想法的第三个来源是给监管部门的报告（regulatory filings）。许多国家政府要求大批持股的投资者定期报告持股情况。这些报告是公开发布的。人们可以对比各个时期的报告，以了解那些才华出众的专业人士买入了哪些股票。

在美国，监管部门要求那些管理资产达1亿美元以上的基金经理每季度报告一次他们持有的美国公司的股票情况（有一些无须报告的例外情况）。这种报告被称为13F，在每季度过去45天后必须提交，然后发布在美国证券交易所网站上。监管部门分别在2月、5月、8月和11月的月中进行检查。

挖掘13F报告的详细情况，存在许多局限。不过，理解报告的内容，有助于投资策略发挥作用。

第一个局限是，人们必须知道哪些专业人士值得追随。我们容易从报告中发现业绩突出的共同基金的基金经理，因为他们的业绩记录是公开透明的。但是，私募基金的基金经理可能只与客户分享他们的记录。而在规模更大的公司（甚至是上市公司）中经营投资组合的专业人士，也许从不详细透露他们过去的投资业绩。

人们在了解专业人士的业绩记录之前，不可能真正了解其是否值得追随。名气并不是业绩的代名词。我常常震惊地发现，一些业绩常年落后的人经常在公众面前保持高调做派，而有些真正的投资明星却默默无闻。

第19章　投资想法的来源

第二个局限是，13F 报告只披露多头头寸（long positions），不披露空头头寸（short positions）。正因为如此，我们研究那些在有效的单次押注中对多头头寸和空头头寸进行匹配的基金经理时，13F 报告变得毫无用处。把这种押注中的多头头寸错当成整个押注（因为忽略了空头头寸），是很危险的。

第三个局限是，13F 报告没有披露股票买入时的价格。尽管人们可以研究某个季度的低价，并且保险地得出结论，认为买入时的股票价格并不会比那个季度的最低价格更低，但是报告中没有披露其他更多细节。

第四个局限是时间延迟。一个季度过去了 45 天之后，刚刚买入的股票有可能已经卖出了。相应地，卖出的头寸也可能已经用新买入的其他头寸来填补了。

第五个局限是，报告本身也可能推动股价上涨。当某位知名专业人士购买了哪只股票时，很多人可能盲目追随，这将使得一度帮助人们判断这只股票有吸引力的低价格不复存在。

第六个局限是，股票第一次出现在 13F 报告中时，人们可能还没有实际买入。它也许是在子公司资产分拆过程中获得的。另外，基金经理甚至可能在接收股票的日子与报告持股的日子之间的间隔期内开始卖出股票。这种情况也许与某个值得考虑的投资想法的情况完全相反。

第七个局限是，权威性偏差可能使人们盲目模仿。在心理上不能谨守戒律的投资者或许会不加思考地模仿某位大师。但是，大师也会犯错误。最好是把股票首次出现在 13F 报告上当成呼吁你从头开始对其进行分析的"邀请函"。

另一种不同的认知偏差可能阻止你阅读 13F 报告，那就是独特性偏差。它可能让你觉得，深入挖掘 13F 报告似乎是人云亦云，但这是错误的。考虑下面这个类比。

设想有位老板在市中心开了一家餐馆。餐馆老板每个季度都从一位信任的权威人士那里收到一封信，该信件披露整个国家最成功的餐馆采取的一些重大行动。在某个季度，信件披露说，最成功的餐馆将软饮料的售价提升了 5%。在下个季度，最成功的餐馆购买了一台油炸机，诸如此类。

收到信件的餐馆老板会把这些信当成没用的垃圾，看都不看一眼就扔出去吗？当然不会。这种信件富含准确信息，可能还包含有益的投资想法，好比你可以想象的最好的交易杂志，不但免费，而且没有任何错误。此外，餐馆老板只要认真看这些信件，不需要承担其他义务，便可以优化和升级餐馆的服务。

忽略 13F 报告的投资者，好比把这些信件当成垃圾扔掉的餐馆老板。这是一种奇怪的、有局限的行为。一种更好的方法是，在充分意识到 13F 报告的缺陷与不足的同时，认真看看 13F 报告，并且确保从报告中了解到的知识不至于让你牺牲掉自己的决策自主权。并没有什么人要求我们一定要复制某位权威人士的交易，也没有人要求餐馆老板一定得买一台新的油炸机。信息披露并不是指令性的。

投资想法的第四个来源是重组（reorganization）。重组是公司中的变革事件，它可能是一次收购、资本结构的重大变化，或者是出售公司的某家重要分公司。这常常涉及一些复杂问题，只有熟悉这种复杂程度的投资者才会关心解决这些问题。

另一些复杂问题把很多人吓跑了。这限制了潜在买入者的广泛性，可能导致股价下跌。

投资想法的第五个来源是小市值股票（small capitalization stocks），也被称为小盘股（small-caps），这些股票的发行，通常市值在20亿美元以下。这种小规模公司的股票，机构投资者可能难以买入，原因有两个。第一，投资机构的章程或许禁止买入市值低于某个限值的股票。第二，即使机构投资者获准买入小盘股，它们这么做也不见得有益。

想象一只资产达500亿美元的共同基金，它发现一个市值5亿美元的公司很有发展潜力。即使买入后者10%的股票且买入的股票价格翻一番，共同基金的整体业绩也几乎不会改变。其收益可能勉强够得上基金市值的1%中的1/10。

这两个因素的作用，使得资产管理界大多数公司不去投资小盘股。其结果可能压低了这些股票的价格，因此这些小盘股值得管理较小数额资本的机构与个人投资者去关注。

小盘股投资可以发挥（股东）积极主义的某些特征。（股东）积极主义鼓动其拥有股权的公司改革。小盘股的投资值得一试，有两个方面原因。首先，有时候这是必需的。低市值公司的管理团队可能利用这种没有大型机构投资者参与的事实，来做一些他们在更强监管之下不会去做的事情。其次，这是可能的。小公司高管可能比大公司高管更容易联系上或者接触到。小公司的总裁迅速回复电子邮件的情况并不鲜见。简单地讲，小盘股投资可以使人们更深地参与持股公司的事务，而这是聪明的投资者乐意做的。

投资想法的第六个来源是股票筛选器（stock screeners）。股票筛选器是一些互联网工具，用来根据一些定量参数过滤股票。它们通常以估值指标为基础。例如，人们可以根据股票的价格与账面价值之比对股票进行排名，形成一个列表。

从股票筛选器中得到的投资想法并不是我最喜欢的。长期持股者感兴趣的是首先了解企业并观察其经营情况是否良好。对他们来说，从估值开始，无异于本末倒置。此外，股票筛选器可能将注意力转移到那些处在外围金融环境中的公司，而这些公司，不会引起那些志在终身投资的人的兴趣。尽管如此，许多强大的投资者还是善于利用股票筛选器来获取投资想法。

投资想法的第七个来源是意外发现（serendipity）。意外发现是一种随时打算从日常生活中获得提示的心理准备，它要求与全世界互动。尽管这有运气的成分，但也不会随机发生，它更青睐开放的头脑。

我第一次对瑞典的 Clas Ohlson 公司感兴趣就是因为意外发现。这是一家连锁的家装公司，我每次走进它在斯德哥尔摩开设的五金店时，似乎总能发现很多客户在大量购物。分析了这家公司的情况后，我发现它经营良好。如果我拒绝考虑脑海中那些突然冒出的想法，也许不会注意到这家公司。

顺便说一下，这个特别的发现并不十分完美。在我看来，这只股票的价格一直没能变得足够低，低到足以吸引我买入。此外，我在寻找不确定证据的过程中有点过于热心了。

到瑞典旅行时，我经常匆匆走进 Clas Ohlson 连锁店的店铺，以确定它的吸引力不局限于斯德哥尔摩。确实不是这样，所有的店铺都有客户。接下来，在一个周末的下午，我走进该公司开设在赫尔辛堡市（Helsingborg）的一家店铺，该店铺位于一条主要的步行街上。店里空空如也。我明白了。当我为了确保不漏掉任何一个人而从过道里往下看时，一个女人从柜台后面走出来对我说，"对不起，我们已经关门了"。

意外发现还有助于我们得出对备选公司的结论。2012 年，我正在分析英国杂货连锁店特易购（Tesco）。我崇拜的投资者都买入了这家公司的股票。此外，我当时还被伦敦蒙克街上数不清的便利店所折服。特易购拥有我想要的一切，一切都如我所期待的。

在接下来的一个月里，当我回到了加州后，意外发现又在发挥作用。我注意到一家新的超市连锁店的广告，店名叫"新鲜便利"（Fresh & Easy）。结果我发现，这家连锁店是特易购旗下的。我逛了一下离我在山景城的家里最近的店铺。这里的产品质量很好，价格非常亲民，员工也很有礼貌。

员工当然有礼貌了，因为我是店里唯一的顾客。我停止了分析。自那以后，特易购的股价暴跌，部分由于同店销售额的下滑，这其中当然有我家附近的那个"新鲜便利"店的"贡献"。如今，这家便利店已经关门了。

意外发现十分有助于寻找面向客户行业的公司（比如零售）。这些公司在我们面前暴露无遗。但是，人们可能对其他不那么显眼的行业极为熟悉，因为他们在那些行业中工作，或者深知那些行业的背景。意外发现在那些行业中也同样发挥作用。

意外发现也有一种令人高兴的效应，那便是：在普通的环境中提升相关性。一切都是明显的。人们鞋子上的标志、飞机上旅客的数量、破旧电梯的品牌，诸如此类，所有这些都可以使我们更好地判断人们买些什么、公司制造了什么样的产品，以及什么产品畅销。这并不会让人在高度警觉的状态下生活，相反，它提供了一种思路，让聪明的投资者掌控自己的想法。

投资想法的这7个来源，对价值投资模型来说仅仅是灵感。它们中没有哪一个来源可以让某个投资想法在通过价值投资模型时获得优惠对待。事实上，一旦人们将投资想法放入模型中，最好忘记它们是怎么来的。

这种做法的优势是明显的。当我们忘记了，我们是因为某家公司正在进行子公司资产分拆、某个业绩优秀的投资者对它投资或者它的股价直线下跌了才关注这家公司时，那么，我们就可以将大量的认知偏差拒之门外。我们得到了值得加工的原材料，此外还拥有了很好地加工这种原材料所需的清醒头脑。

总结

有希望的投资想法可能的来源包括：

1. 坏消息。

2. 子公司资产分拆。

3. 给监管部门的报告。

4. 重组。

5. 小型市值股票。

6. 股票筛选器。

7. 意外发现。

第 20 章 价值投资者之间的区别

价格与价值之间的区别,是价值投资唯一必要的原则,它也是唯一必须了解的差别。除此之外,价值投资者在方法上也存在有效的区别。我发现有 8 种区别。

第一个是资产类别。我们已经提到过,随着时间的推移,上市交易股票可以带来最大的回报。但是,也有些从业人员能够从持有其他类别的投资产品中挤出利润。对有的投资者来说,债券就是这种投资产品,对另一些投资者来说,房地产投资的收益也颇丰。这些资产类别难以取得很好的投资业绩,但有些人能把它们操作得很好。

第二个是持有期限。有些价值投资者不论买什么,只打算持有几个月时间。另一些则希望无限期地持有。不同的时间期限,导致对投资产品的优先考虑也各不相同。

例如,短期的持有者考虑催化剂(catalyst)。催化剂是价格可能从低迷水平开始飙升的原因,这使得证券变得极具吸引力。

令人意想不到的优异季度业绩可能是催化剂，某位不受欢迎的高管被公司解雇也可能是催化剂。

长期投资者对催化剂不那么感兴趣。在他们看来，催化剂的时间期限太近了，不值得考虑。由于我从来不打算卖出股票，所以我不会去想催化剂的事情。

第三个是（股东）积极主义（activism）。如上一章提到的那样，积极的投资者鼓动他们拥有股权的公司进行变革，他们可能被视为自己的催化剂。

另一种选择是保持不参与。这是大多数投资者的选择，无论好坏。我称这种现象为非（股东）积极主义（inactivism），因为被动意味着指数基金的投资。

（股东）积极主义需要非比寻常的严肃与坚韧。那些令人畏惧的人和具备一定技能的人，往往是实现最佳投资业绩的人。（股东）积极主义并不是谁都可以在其中收获颇丰。

第四个是分散。有些价值投资者持有分散的投资组合，投资组合中的股票有 50 只甚至更多。另一些投资者更喜欢集中的投资组合，股票不超过 10 只。

这些标准某种程度上取决于投资资金的数额。一个数额为 5 万美元的投资组合，如果将资金分布到 12 只不同的股票，可能被认为是分散的投资组合；而一个数额为 100 亿美元的基金，即使将资金分散到 12 只股票中，看起来还是集中的投资组合。

分散投资往往减小波动性，这应该是一个目标。但正如第

17章指出的那样，投资组合越是分散，就越难跑赢相关的指数。

借助大数定律（law of large numbers），可以清晰地意识到这一点，这是一条来自概率的原则。大数定律指出，某个实验开展的次数越多，其预期的结果就越接近平均结果。在投资中，预期的结果是指数回报。因此，投资组合中股票的数目越多（每个数目代表大数定律中的一次实验），它的回报也将越来越接近指数回报。

有些种类的价值投资迫使投资者将投资组合分散化。小盘股投资可能这样，因为低市值的公司并没有太多的股票上市交易，它们的盘子很小。因此，一位小盘股的投资者要在管理的资产中增加10万美元，可能不得不另找一只新的股票进行投资，因为其已经持股的公司，可能没有足够多的股票供其继续买入。

第五个是质量。我们的方法一直着重关注某家企业在绝对意义上到底有多好，然后再去考虑价格。我们劳心费力地比较各公司的历史业绩指标、战略定位和股东友好等方面。我们在寻找高质量的股票。

但是，一个同样确信的团体聚焦于购买那些低价格的股票，而不是选择高质量的公司。对这些人来说，垃圾也是好的，只要它价格便宜。在这群投资者中，也有些人取得了卓越的业绩。

我十分注重公司的质量，体现了我另外的3个偏好：非（股东）积极主义、集中以及长期持股。我买入的股票必须是好的，因为我不会去修正它们，我只找到了几只类似这样的股票，它们成了我永远的持股。

这些偏好并非涉及良好的预见性或道德,它们涉及税费。在美国,未实现增值(unrealized appreciation)是无须纳税的,因此,在其他所有条件都相同时,持股是有优势的。我首先考虑税收政策,然后再考虑投资策略。

第六个是杠杆。对投资者来说是正确的,对运营中的公司也是正确的,即:债务放大了结果。当投资者以保证金交易时,原本好的结果会变得优秀,原本坏的结果会变成灾难性的。后者的这种可能性,使得许多价值投资者远离杠杆。但并非所有人都这样。

第七个是复杂性。有的价值投资者更喜欢简单的步骤,他们喜欢简单直接的公司普通股。我就是这样,这一点在价值投资模型中清楚地体现出来。但另一些人喜欢将投资复杂化。他们可能寻找可转换债券(convertible bonds),这种投资产品只有在难以预测的条件下才能变成股票。他们可能更喜欢药品正经历临床试验和处在研发阶段的制药公司的股票,或者更喜欢那些业绩取决于开创性研究成果的高科技公司的股票。

他们喜欢这些复杂因素,不是因为他们受到聪明偏差的影响,而是因为这些复杂因素使他们在买入时面临的竞争小一些。另一些投资者不再尝试去解决复杂的难题。这可以使股价保持在较低的水平,其他方式可能做不到。

第八个是卖空。卖空是赌股票价格下跌的一种方式。它并不涉及实际拥有股票,而是从其他拥有股票的人手中租借,进而卖出股票，以期当股票价格下跌时实现自己的盈利目标。

从理论上看，卖空是有吸引力的。它承诺了一种从定价过高的证券中获益的方法，但它操作起来十分棘手。租借的股票难以寻找、手续费可能较高、轧空（short squeeze）[①]会导致原本期望下跌的价格反而大幅度飙升。

尽管存在这些复杂的因素，有些价值投资者却依然在卖空。但许多人卖空是作为代理人而非委托人，因为这抬高了他们的薪酬。卖空是复杂基金的标志。如我们在第1章中提到的，这是基金经理试图为2%加20%的薪酬方案辩护的一种噱头。

在价值投资者可能有所区别的8个方面上，有两个引起怀疑。卖空是其中之一，它的效果不是太好。我没见过哪些委托人既能依赖卖空，又能长时间跑赢市场的。

杠杆是另一个引起怀疑的方面。尽管债务在很大程度上可以被用来获得额外的回报，但是一旦收到巨额的追缴保证金通知（margin call）[②]，足以让多年可靠的业绩受到影响。

不管怎样，我还是将卖空和杠杆添加到这个列表之中，主要是考虑到，它们在某些情况下也可以发挥作用。但它们要承担风险，它们好比从价值投资的王国中偷偷溜出来，踏进另一个不那么实际的领域。有人可能说，它们不能算是明智的策略。对那些拥有长期视角的

[①]轧空，是指投资者普遍认为当天股价将下跌，于是都抢空头头寸，然而股价并未大幅度下跌、无法低价买进平仓时，收盘前只好竞相补进，反而使收盘价大幅度升高，形成一种空头倾轧空头的现象。——译者注
[②]追加保证金通知，主要是由于客户资金账户上的资产余额已经低于证券管理部门、交易所或经纪公司规定的最低维持保证金标准，其资金账户上的资金余额已经不能满足其扩大交易的资金需求，所以发出追加保证金的通知。——译者注

人来说，有时候不奏效的东西，最终和根本不起作用的东西毫无区别。

> **总结**
> **真正的价值投资者可能在以下8个方面有差异：**
>
> 1.资产类别。
>
> 2.持有期限。
>
> 3.（股东）积极主义。
>
> 4.分散。
>
> 5.质量。
>
> 6.杠杆。
>
> 7.复杂性。
>
> 8.卖空。

第 21 章　保护投资组合

亏损比不亏损更糟糕，这是显而易见的。但在这个事实的背后，还有一些值得概略描述的数学原理。它使我们可以清楚地看出，为什么价值投资者保守地采取行动。

设想一个投资组合一年之内实际亏损了 50%。并不是买入股票恰好一年后股价就降低一半的那种情况，而是实际上产生了 50% 亏损的情况。假设投资者在 1 月 1 日以现金买入股票，在一年之中持有，年底时再卖出该股票，到 12 月 31 日时，发现手头的现金只有年初的一半了。投资者需要对投资组合做些什么，才能回到原来的水平重新开始呢？

如果真是这样的话，到第二年时，投资组合需要获得 100% 的回报，才能刚好回到盈亏平均的水平，这很难。还记得吧，我买入的安海斯 – 布希公司股票产生了 15% 的回报率，就让我感到很兴奋了。要达到 100% 的回报率，简直比登天还难。

投资和其他活动是不同的。想一想足球。如果一位球员射门，但没有射在球门范围内，那么比分不会有任何变化。球员们重新开始为下一个进球而努力。但如果把足球比赛比作投资，那么球员没有射正，将得到负分。你再想让比分回到0，需要进更多的球。

这正是价值投资者表现得如此克制的原因。我们把保护资本放在第一位。之所以这样做，是因为当我们在投资这场比赛中"射偏"了的时候，其结果简直像是受到惩罚。

当我们没有足够强调保护资本时，回报便会遭到损失。回报之所以遭到损失，是因为亏损会像天平的砝码那样累加。对那些相信风险与收益权衡的人来说，这个事实并不是十分明显。他们认为，把资本保护放在次要地位，是获得优异业绩的一步。而信奉这种理念的人，在投资者中占大多数。

也许这就是为什么资产管理行业有着高得如此惊人的失败率了。大多数主动管理的股票基金，也就是挑选个股的基金，并没有跑赢基本的市场指数。你没看错，是大多数。那是盲目操作带来的结果。

两种做法有助于保护价值投资模型击退亏损的能力。

第一种做法是使它跟上时代。把模型想象成3层结构（如图21-1所示）。最顶上那层是总的指导原则：知道做什么、去做，以及不做其他任何事。中间那层变得更加具体，也就是要坚持在那些能够理解的、经营良好的、股票价格便宜的公司中投资。最底下那层更具体一些，全都是较基本的内容：了解公司的6个参数、历史的经营业绩指标、认知偏差，诸如此类。

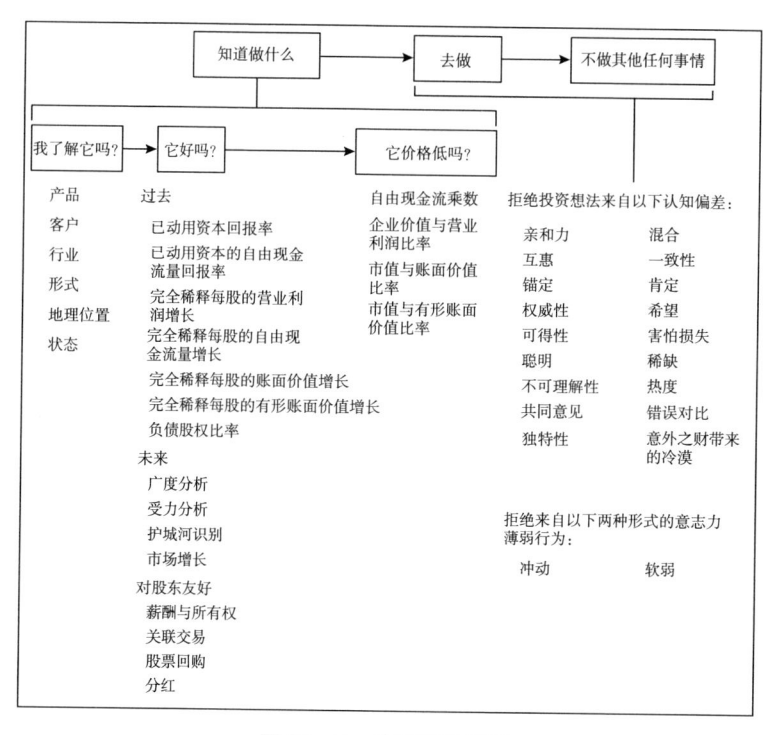

```
┌─────────────────────────────────────────────────────────────┐
│         知道做什么 ──→ 去做 ──→ 不做其他任何事情              │
│   ┌────────┬────────┬──────────┐                            │
│   我了解它吗? 它好吗? → 它价格低吗?                          │
│                                                              │
│   产品      过去              自由现金流乘数   拒绝投资想法来自以下认知偏差: │
│   客户      已动用资本回报率   企业价值与营业    亲和力    混合   │
│   行业      已动用资本的自由现金  利润比率      互惠      一致性 │
│   形式      流量回报率         市值与账面价值   锚定      肯定   │
│   地理位置  完全稀释每股的营业利   比率          权威性    希望   │
│   状态      润增长             市值与有形账面   可得性    害怕损失│
│             完全稀释每股的自由现  价值比率      聪明      稀缺   │
│             金流量增长                         不可理解性 热度   │
│             完全稀释每股的账面价值增长          共同意见  错误对比│
│             完全稀释每股的有形账面价值增长      独特性    意外之财带来│
│             负债股权比率                                的冷漠 │
│             未来                                              │
│             广度分析                          拒绝来自以下两种形式的意志力│
│             受力分析                          薄弱行为:        │
│             护城河识别                          冲动    软弱   │
│             市场增长                                          │
│             对股东友好                                        │
│             薪酬与所有权                                      │
│             关联交易                                          │
│             股票回购                                          │
│             分红                                              │
└─────────────────────────────────────────────────────────────┘
```

图 21-1 价值投资模型

最顶上那层是永久的。知道做什么、去做，以及不做其他任何事情，是一种很有意义的常识，甚至可以把它们应用到其他方面中去。

但是，最底下那层可能会变化。会计标准和披露要求可能会随着时间的推移而发展变化。例如，联邦会计准则委员会（the Federal Accounting Standards Board）可能强令各公司必须采用新的方法计算营业利润，如已动用资本回报率等。或者，也许美国证券交易委员会将取消第三方交易报告制度，这样一来，对股票友好的指标数量不得不削减为 3 个。这本书出版的时间越长，意识到上述发展趋势也就变得越发重要。

第二种做法是用百分比来考虑。人们应当聚焦于用百分比而不是用金额来描述总回报。即使真正损失的金额只有区区1 000美元，但实际的亏损比率达到20%，也是不好的。而如果100万美元的收益只意味着2%的年均回报率的话，这样的业绩也并非十分抢眼。

用百分比来思考，将养成如实表现的习惯。你在自己涉猎投资领域的初期只有少量资本时养成的一些习惯，等到你将来掌管更多资本时，这些习惯也能很好地发挥作用。我们不需要仅仅因为积累更多的财富而学习新的技巧。

当人们用百分比来思考时，绝对的收益将随之而来。它们之所以随之而来，是因为价值投资是有利可图的。它使得大多数从业者有足够的动力来坚持价值投资策略。但是，由于我从20世纪末就开始坚持这种策略，我发现价值投资还有其他方面的好处。

首先，它让我与世界保持联系。"意外发现"的闸门一经打开，突然之间，一切都变成了现实。购物、新闻、车流量等，所有这些都变成了像财务报表那样有价值的东西。日常生活中的点点滴滴，都以一种生动鲜活的方式与价值投资相关联。

其次，价值投资从根本上是一个追求事实的过程。它对固有的模糊局面进行分析并追求事实。什么是有价值的东西？我在其中看到了一种真实。

最后，它给长期投资者带来回报。它迫使我考虑企业如何随时间而发展。这种训练的一部分是想象未来的文明。我喜欢这样的预见。

长期的视角也适用于个人层面。我希望在个人从事其他行业变得更加困难以后，还能够继续进行价值投资。例如，发表演讲、参加会议、飞赴海外出差等，随着年龄的增长，都会变得越来越难。但是，价值投资不需要做那些事情。只要我还有理智，我就会一直做下去。

在温饱和暴饮暴食之间，净资产和幸福之间没有什么联系。金钱并不能带来生活上极大的快乐。那些极大的快乐来自爱人，来自健康，来自并不是十分关心几何平均值、折旧细则，或企业价值的其他来源。

但是，如果没有金钱，可能让人们感受不到极大的快乐，这就是价值投资的承诺。价值投资将给人们带来自由，使人们能够真正地张开双臂去拥抱那些确实重要的东西。能够放下一切，在选择好的时候无所畏惧地把注意力放在价值投资带来的礼物上，所有这些，我认为是富足的要义。

总结

1. 从填平实际亏损所耗费的巨大代价来看,保护资本是价值投资的优先考虑事项。
2. 风险与收益权衡,使得大多数基金经理忘记了保护资本的重要性。
3. 大多数主动管理的股票基金都没能随着时间的推移而跑赢市场。
4. 价值投资模型的底层是最有可能发生改变的部分。
5. 用百分比来思考,鼓励人们养成习惯。
6. 价值投资的好处不仅是带来回报。

术语表

绝对值（absolute）

评估投资回报时的基础，这种评估涉及与某个固定百分比进行比较。

权责发生制（accrual basis）

一种基于收入和支出确认规则而不是基于资金流入与流出的会计报告。

资产负债表（balance sheet）

一种衡量企业在某个单一时间点的经营状况的财务报表，方法是用资产减去负债得出所有者权益。

利润表（income statement）

一种权责发生制财务报表，描述企业在一段时间内的情况。也称为合并运营报表、损益表（P&L）。

营业费用（operating expenses）

是指企业不论在某个时期内售出什么产品而确认的费用。是利润表中的一项内容。也称为销售总务管理支出，或者 SG&A。

营业利润（operating income）

营业收入减去产品销售成本和营业费用。是利润表中的一项内容。也称为营业收益。

股票（stocks）

股份公司中的所有权。也称为股份或权益。

说明性陈述（understanding statement）

一个明确的句子，定义公司的产品、客户、行业、形式、地理位置和状态。

资产类别（asset class）

一组具有类似特征的证券，在响应某些事件时，其价格往往一同变动。

资产（assets）

企业控制的、觉得宝贵的并且购买的东西。它是资产负债表中的一个板块。单独来看，也是投资或持股的同义词。

审计（audited）

经过注册会计师检查，就像上市公司的年度报告一样。

基准（benchmark）

一个量化的标准。

债券（bonds）

代表着一种偿还借款金额外加利息的承诺的证券。

所有者权益（equity）

资产负债表中的一个板块，等于资产减去负债。也称为股东权益、净资产或账面价值。单独来看，它是股票或股份的同义词。

财务报表（financial statement）

对企业的定量描述，比如利润表、现金流量表或资产负债表。

固定收益（fixed income）

一种承诺支付固定金额的证券类别，比如债券。

20-F 报表（form 20-F）

一种年度报告，由在美国股票交易所上市发行股票的非美国公司向美国证券交易委员会提交。

基本面分析（fundamental analysis）

一种评估股票的方法，它重点关注单个的发行者，而不是重点关注宏观经济因素或股价图。

发行者（issuer）

一个提供自己的证券到市场上销售的实体。

上市（listed）

在交易所交易。也称为公开上市（public）。

委托声明书（proxy statement）

美国公司每年向证券交易委员会递交的报告，包括关于薪酬及关联方业务的信息。也称为 DEF 14A。

有效市场假说（efficient market hypothesis）

经济学的一个命题，认为某物的价格等于它的价值。

过剩现金（excess cash）

资产负债表上的现金，并不是维持当前经营所必需的现金。

10-K 报表（form 10-K）

一种年度报告，由美国公司向美国证券交易委员会提交。

10-Q 报表（form 10-Q）

一种季度报告，由美国公司向美国证券交易委员会提交。

内在价值（intrinsic value）

由基本面分析决定而不由市场价格决定的价值。

算术平均值（arithmetic mean）

一组数字的总和除以集合中数字的个数。

基点（basis point）

1% 的百分之一。

资本增值（capital appreciation）

市场价格上升。

分红（dividend）

由发行者向其股东派发的红利，通常以现金为形式，一般每季度或每年派发一次。

几何平均值（geometric mean）

一种比算术平均值更适合计算增长率的平均值。也称为年复合增长率。

已实现收益（realized gains）

通过出售而实现的。

总回报（total return）

一个测量投资业绩的指标，它包含分红。

能力圈（circle of competence）

能够理解的公司业务范围。1996年的伯克希尔·哈撒韦公司的年度报告中引入了这个概念。

房地产投资信托公司（real estate investment trust）

美国房地产实体的一种，它将至少90%的应纳税收入以分红的形式派发给股东。也称为REIT。

子公司（subsidiary）

发行者具有一定程度控制权的实体。

价值链（value chain）

一系列按顺序的商业活动，要么是在某个行业中发生的，要么是在某家单独的公司中发生的。1985年的著作《竞争优势》（Competitive Advantage）首次提出。

垂直整合（vertically integrated）

一种对公司活动的描述，该活动出现在某行业价值链的几个节点之中。

应付账款（account payable）

欠供货商的金额。这项内容体现在资产负债表的负债板块。

摊销（amortization）

通过在利润表上确认周期性费用，使某种无形的非流动资产的账面价值减少。

账面价值（book value）

购买价格减去某种非流动资产的折旧。单独来看，也是权益、股东权益、所有者权益以及净资产等的同义词。

资本结构（capital structure）
一家公司的财务总额，特别是在涉及债务与权益的比例时。

资本化（capitalize）
在资产负债表上确认为非流动资产。

收付实现制（cash basis）
根据现金的流入量与流出量编制的财务报告。

筹资活动现金流量（cash flow from financing）
现金流量表上的这个板块涉及借款、发行者自身证券（如股票）的卖出与回购。也称为来自筹资活动中的现金流量。

现金流量表（cash flow statement）
一份收付实现制财务报表，描述一段时间之内企业的现金流转情况。

产品销售成本（cost of goods sold）
尤指企业在一段时间内产生收入时发生的费用。它是利润表中的一项内容。也称为营收成本。

流动资产（current assets）
可以在一年之内使用的资产。资产负债表中的一个子板块。

折旧（depreciation）
通过在利润表上确认周期性费用，减少某一有形的非流动资产的账面价值。

直接法（direct method）
一种在现金流量表中准备经营活动现金流量的方式，从现金流入开始。

息税前利润（earnings before interest and taxes）

营业利润加上非营业利润。利润表中的一项内容。也称为EBIT。

税前收益（earnings before taxes）

息税前利润减去利息费用。

商誉（goodwill）

超出收购实体的所有者权益的收购价格。在收购者的资产负债表上，商誉作为无形资产予以登记。

间接法（indirect method）

一种在现金流量表中准备经营活动现金流量的方式，从净利润开始。

现金流入量（inflow）

进入企业的现金量。

存货（inventory）

一种即将成为产品销售成本的流动资产。也称为库存。

负债（liabilities）

计算方法为资产减去所有者权益，是资产负债表上的一个板块。

非控制性权益（noncontrolling interest）

并非由发行者拥有的子公司的部分。也称为少数权益。

非流动资产（noncurrent assets）

使用期限超过一年的资产，是资产负债表上的一个子板块，也称为长期资产。

非营业利润（non-operating income）

来自企业外围活动所产生的收入。是利润表中的一项内容。

现金流出量（outflow）

流出企业的现金量。

留存收益（retained earnings）

没有作为分红而派发的净利润。这是资产负债表上所有者权益板块中的一项内容。

应计费用（accrued expense）

应付而未付的周期性金额，比如人员工资。这项内容体现在资产负债表的负债板块。

已动用资本（capital employed）

一个测量公司需要的财务基础的指标。通常计算为总资产减去过剩现金，再减去无息流动负债，可能还要减去商誉。

资本租赁（capital lease）

一种体现在资产负债表上的租赁。也称为融资租赁。

投资活动现金流量（cash flow from investments）

现金流量表上的这个板块涉及购买和出售将持续使用多年的、计入原料成本的资产的现金。也称为来自投资活动中的现金流量。

经营活动现金流量（cash flow from operations）

现金流量表上的这个板块涉及公司的核心活动。也称为经营现金流量或者来自经营活动中的现金流量。

流动负债（current liabilities）

必须在一年或不到一年之内结算的债务。是资产负债表中的一项内容。

递延收益（deferred income）

公司为尚未发货给客户的产品而接受的预付款。它是资产负债表的负债板块中的一项内容。

投入资本（invested capital）

一个测量公司需要的财务基础的指标。通常的计算方法是将股东、债权人以及期望获得财务回报的其他所有各方投入的资本全部累加起来。

经营租赁（operating lease）

一种没有体现在资产负债表上的租赁。

折现值（present value）

未来的现金流以一定的比率折现，以便可以用当期的单一金额来表示。

利润（income）

营业收入减去支出。这是利润表中的一项内容，有好几种变体。也称为收益。

净利润（net income）

在利润表上的收入板块中最底下的那个指标。计算方法是用营业收入减去所有支出，包括利息和税负。也称为净收入，或者底线利润。

营业收入（revenue）

在利润表上显示的一段时间内销售收入的总和。也称为营业额。

资本支出（capital expenditure）

购买一种资产时的原材料成本，这种资产将持续使用一年以上。它是现金流量表中的一项内容。也称为资本性支出或者土地、厂房和设备的购买。

自由现金流量（free cash flow）

公司通过经营而产生的现金的数量。广义的计算方式是从经营活动现金流量中减去资本支出。

增长性资本支出（growth capital expenditure）

用于扩张企业的资本支出。

杠杆自由现金流（levered free cash flow）

一个体现了利息支付的测量自由现金流量的指标。

维护性资本支出（maintenance capital expenditure）

用于替换已磨损资产的资本支出。

负现金周期（negative cash cycle）

一种不正常的情况，指公司在向供货商支付货款之前先从客户那里收到货款。

正常现金周期（normal cash cycle）

一种正常情况，指公司在收到客户的货款之前先向供货商支付货款。

直线法（straight line basis）

一种折旧方法，根据该方法，各个时期的折旧费用都相同。

无杠杆自由现金流（unlevered free cash flow）

一个测量自由现金流量的指标，没有体现利息支付。

授权股份（authorized shares）

根据公司的章程或章程细则，允许公司发行的股票的数量。

完全稀释股份（fully diluted shares）

流通股加上（如果公司发行的其他证券被行使或转换）可以变成流通股的股份（比如期权）的数量。

股票回购（repurchase）

公司买回它自己的股份，也称为回购（buybacks）。

二次发行（secondary offering）

已经上市的证券的公开发行。

流通股（shares outstanding）

由股东持有的公司股票的数量，也称为基本股。

成交价（strike price）

将期权、权证或其他证券转换为股权时必须支付的价格，也称为行使价格。

债务股本比率（debt to equity ratio）

一个测量公司债务负担的可控状况的指标。计算方法是用财务债务除以权益。

已动用资本的自由现金流量回报率（free cash flow return on capital employed）

一个现金流测量指标，测量企业的盈利能力，计算方法是用自由现金流量除以已动用资本，也称为FCFROCE。

利息保障倍数（interest coverage ratio）

一个测量公司债务负担的可控状况的指标。通常的计算方法是息税前利润除以利息费用。

负债股权比率（liabilities to equity ratio）

一个测量公司债务的可控状况的指标。通常的计算方法是总负债除以账面价值。

已动用资本回报率（return on capital employed）

一个衡量企业盈利能力的指标。通常的计算方法是营业利润除以已动用资本。简称 ROCE。

向后整合（backward integration）

业务扩张到以前由供应商开展的活动中。

广度分析（breadth analysis）

一种对公司的客户与供应商群体可靠性进行的测试。

分散（diversification）

在不同的资产或资产类别中分配资本的做法，目的是避免过度暴露在任何一个单一的变量之前。与之相对的是集中。

向前整合（forward integration）

业务扩张到以前由客户开展的活动中。

根深蒂固（ingrainedness）

护城河的一种来源，从分销渠道中的主导优势中诞生。

护城河（moat）

一种比喻性的障碍，它在激烈的市场竞争中保护公司。

转换成本（switching cost）

由于改变而引起的时间、金钱或其他资源的消耗，通常是改变供应商。

无记名股票（bearer share）

向持有股票证书的人（不论是谁）转移所有权的股票。

分红收益率（dividend yield）

当前每年的分红数额除以当前的股票价格。

企业价值（enterprise value）

一家公司理论上的收购价格，通常的计算方法是：市值加上优先股的市场价格、非控制性权益以及债务，然后减去现金。

优先股（preferred equity）

一种比普通股优先的股票，通常派发相对稳定的分红。它是资产负债表中所有者权益板块中的一项内容，也称为优先股票或优先股份。

记名股票（registered shares）

向记名的持有人转移股票所有权的股票。

自由现金流乘数（times free cash flow）

一个价格指标，通常的计算方法为市值除以杠杆自由现金流。

库存股（treasury shares）

回购的但没有注销的股票，是资产负债表中所有者权益板块中的一项内容。

逆估价（back valuing）

一种在周期性的行业中对发行者估价的方法，根据该方法，对照过去一段时期的经营结果来衡量当前的证券价格。

合并子公司（consolidated subsidiary）

一个被投资方，发行者使用合并法来解释在其中的占股情况。

合并法（consolidation method）

解释发行者在被投资方中的占股比例（占股通常超过50%）的方法。

成本法（cost method）

解释发行者在被投资方中的占股比例（占股通常不到20%）的方法。

权益法（equity method）

解释发行者在被投资方中的占股比例（占股一般介于20%至50%）的方法。

市值（market capitalization）

流通股乘以当前的股票价格。也称为市场价值（market cap）。

市值与账面价值比率（price to book）

一个价格指标，通常计算为市值除以账面价值。

市值与有形账面价值比率（price to tangible book value）

一个价格指标，等于将无形资产从分母中移除之后的市值与账面价值比率。

未合并的附属公司（unconsolidated subsidiary）

一个被投资方，发行者使用权益法来解释在其中的占股情况。

波动性（volatility）

一种针对风险的常见资产管理方法，广义上定义为过去一个月证券价格的日平均变化。

资产减值（write-down）

通过在利润表上确认一笔不合规则的支出，从而减少资产的账面价值。

亲和力偏差（affinity bias）

一种因为外围影响而偏爱某些事物的认知倾向。

锚定偏差（anchoring bias）

一种敦促人们与不重要的基准进行对标的认知倾向。

权威性偏差（authority bias）

一种怂恿人们不加思考地追随领导者的认知趋势。

可得性偏差（availability bias）

一种敦促人们根据较早前回忆的信息来决策的认知趋势。在发表于1973年的论文《可得性：一种判断频率与概率的启发式》（A Heuristic for Judging Frequency and Probability）中被称为可得性启发（availability heuristic）。

聪明偏差（cleverness bias）

一种偏爱需要高度智慧才能理解的投资想法的认知趋势。

肯定偏差（confirmation bias）

一种偏爱那些支持已经预先存在观点的投资想法的认知趋势。

共同意见偏差（consensus bias）

一种偏爱受欢迎的东西的认知趋势。

一致性偏差（consistency bias）

一种偏爱与之前行动相一致的行动的认知趋势。在1984年的《影响力》一书中被介绍为承诺与一致性。

希望偏差（hope bias）

一种相信乐观主义可以积极地影响结果的认知趋势。

热度偏差（hotness bias）

一种相信好的结果将会随着之前的好结果而出现的认知趋势。在 1985 年的论文《篮球中的热手：对随机序列的误解》(The Hot Hand in Basketball: On the Misperception of Random Sequences) 之中被介绍为热手谬误。

冲动（impetuosity）

一种屈从于冲动的意志力薄弱形式。

不可理解性偏差（incomprehensibility bias）

一种偏爱模糊主张的认知趋势。

混合偏差（intermixing bias）

一种偏爱那些有别于投资组合中已有投资产品的认知趋势。

害怕损失偏差（lossophobia bias）

一种敦促自己承受小损失以避免更大损失的认知倾向。正式的名称为害怕亏损（fear of loss）。

安全边际（margin of safety）

价值投资者在购买股票之前需要的巨大折扣。1934 年的著作《证券分析》(Security Analysis) 首次用这个术语表示这种意义。

错误对比偏差（miscontrast bias）

一种认知趋势，仅仅由于某一投资产品胜过当前可找到的其他投资产品而偏爱前者，尽管前者在绝对意义上并不好。

独特性偏差（peculiarity bias）

一种偏爱独特投资产品的认知趋势。

互惠偏差（reciprocity bias）

一种以对待别人就像对待我们一样为前提的认知趋势。

稀缺偏差（scarcity bias）

一种偏好看起来将会短缺的事物的认知倾向。

选择性偏差（selection bias）

一种信息失真，根据这一偏差，数据集的特征由该数据集精挑细选的部分来错误地选择性地呈现。

软弱（weakness）

以深思熟虑之后决定投降为形式的意志力薄弱。

意外之财带来的冷漠偏差（windfallapathy bias）

一种由意想不到的财富带来的认知倾向，鼓励不加区分地投资。

意志力薄弱（akrasia）

一种怂恿人们违反自己更好的判断而行动的认知动力。

首次公开募股（initial public offering）

证券在公开交易所中第一次出售。也简称为IPO。

商业票据（commercial paper）

由公司发行的一种短期的债务证券。

集中（concentration）

在有限数量的资产或资产类别中分配资本的做法。与之相对的是分散。

调整投资组合（rebalancing）

资产管理行业一种常见的做法，通过定期的买入和卖出来维护投资组合中的资产或资产类别的目标配置。

非道德性（amorality）

一种认为投资不受道德考量的道德立场。

道德失范（moral failure abstention）

一种不鼓励在具有某些令人讨厌特点的公司中投资的道德立场。

道德缺失积极主义（moral failure activism）

一种鼓励在具有某些令人讨厌特点的公司中投资的道德立场，目标是作为股东而在投资的公司中激起改革。

道德成功肯定（moral success affirmation）

一种鼓励在具有某些正直特点的公司中投资的道德立场。

多头（long）

完全拥有某种证券，好比持有股票那样。与之相对的是空头。

重组（reorganization）

发行者的收购、资本结构的重大变化或者其他的变革性事件。也称为重整（reorg）。

空头（short）

为了从价格下跌中获利而卖出一种租来的而非自己拥有的证券。

小市值股票（small capitalization stocks）

市值较小的、通常小于20亿美元的公司的股票。也称小盘股。

子公司资产分拆（spin-off）

是指从某上市公司中分拆出另一家以前属于这家公司的上市子公司。

股票筛选器（stock screeners）

一些互联网工具，用来根据一些定量参数过滤股票。

（股东）积极主义（activism）

一种鼓动自己拥有股权的公司谋求改革的投资方法。

催化剂（catalyst）

股票价格变动的原因，特别是在近期。

非（股东）积极主义（inactivism）

一种常见的投资方法，指不怀着影响发行者的意图而购买证券。与之相对的是（股东）积极主义。

大数定律（law of large numbers）

一条来自概率的原则，该原则指出，某个实验开展的次数越多，那么其预期的结果就越接近平均结果。

杠杆（leverage）

债务或者指债务在资本结构中的显著性。也称为资本充足率（gearing）。

未实现（unrealized）

没有通过出售而实现的。

风险与收益权衡（risk-return trade-off）

金融中的一条原则，该原则坚持认为，通过接受更大的风险，可以实现更大的潜在回报。

经验主义者（empiricist）

指知识主要来源于经验而非理论的人。

13F报表（form 13F）

一种季度报告，由至少管理着1亿美元资金的美国资金经理人向美国证券交易委员会提交，报告的内容列举一些持股，通常是美国公司的股票。

非流动债务（noncurrent liabilities）

确定在一年以后才结算的债务，是资产负债表上的一个子板块。

相对（relative）

评估那些涉及将会与指数进行对标的投资回报的基础。

风险（risk）

不好的结果出现的概率。

投机（speculating）

不进行基本面分析，怀着能以更高价格售出的希望而进行投资。

价值投资（value investing）

一种资产管理策略，基于价格与价值之间清晰的差异而采取的行动。

致谢

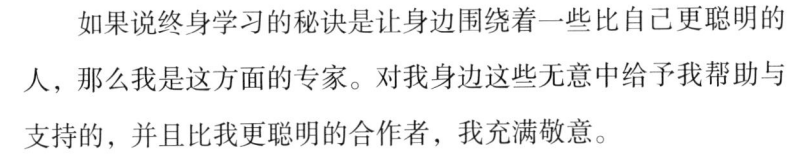

如果说终身学习的秘诀是让身边围绕着一些比自己更聪明的人,那么我是这方面的专家。对我身边这些无意中给予我帮助与支持的,并且比我更聪明的合作者,我充满敬意。

在斯坦福大学,我向这些人表达我的敬意:哈尔·卢钦海姆(Hal Louchheim)和莉斯·弗里斯(Liz Frith)从我的价值投资课程中看到了潜力;而旧金山湾区的一群价值投资信奉者,则证明了他们的信念是正确的;特雷莎·卡帕柴维(Teresa Kpachavi)和马特·海因(Matt Hein)如此巧妙地将这门课程转移到网上,以至于它如今吸引了来自世界各地的学生。

在斯德哥尔摩经济学院,我向这些人脱帽致敬:卡尔-奥洛夫·哈马科维斯特(Karl-Olof Hammarkvist)教授、马格努斯·达尔奎斯特教授(Magnus Dahlquist)和博贝克教授(Bo Becker)。

向大卫布莱克代理公司的乔依·土特拉(Joy Tutela)表示感谢。

向麦格劳希尔集团的唐亚·迪克森（Donya Dickerson）和诺克斯·休斯顿（Knox Huston）表示感谢。

向为我积累了专业知识与热情的朋友们致谢，包括：乌帕尔·巴苏（Upal Basu）、拉里·戈尔曼（Larry Gorman）、艾立林·乔伊斯（Allison Joyce）、玛丽·小松（Mary Komatsu）、罗云浩（Yun Hao Lo）、哈里·拉马钱德拉（Hari Ramachandra）、帕蒂·赖斯（Patti Rice）、本杰明·施密德（Benjamin Schmid）、杰伊·席瓦（Jay Siva）、汤姆·斯威登斯特兰德（Tom Svedenstrand）、迈克尔·斯塔娜维斯基-伯苓（Mikael Tarnawski-Berlin）、杰纳尔德哈南·温姆布纳拉雅南（JanardhananVembunarayanan）以及皮雷·王（Pierre Wong）。

向杰出的米切尔一家致谢，包括安迪·米切尔（AndyMitchell）和比尔·米切尔（Bill Mitchell），这俩人都和我一样，既是作家又是价值投资者，但比我讨人喜欢得多；感谢亲爱的妈妈和爸爸，两人都是企业家，他们教会我像企业主一样来思考，并教我按照真实意愿来写作。除此之外，他们还教了我许多。

和其他书的作者一样，身为作者的我，必须对书中的错误负起全部的责任。希望这些错误都只是无意中犯下的，而且无关大局。